ROCKONOMICS

일러두기

오늘날 록rock이라는 음악 장르는 지나치게 광범위하게 사용되는 경향이 있다. 이 책에서는 보컬과 일렉트릭 기타, 일렉트릭 베이스 기타, 드럼을 중심으로 구성된 밴드에 의해 연주되는 형식의 음악을 록이라고 정의한다.

록과 로큰롤rock and roll에 대해서도 명확한 정의를 해둔다. 아메리칸 헤리티지 영어 사전The American Heritage Dictionary of the English Language과 메리암-웹스터 사전Merriam-Webster's Dictionary은 록과 로큰롤을 동의어로 규정하고 있다. 반면, 브리타니카 백과사전Encyclopaedia Britannica은 로큰롤이 1950년대 중반 미국에서 시작돼 록이라는 포괄적인 음악 스타일로 발전했다고 설명한다. 이 책은 브리타니카의 견해를 따른다.

영어 단어를 한글로 옮기는 경우 최대한 외래어 표기법을 따랐다. 다만 일부 고유명사는 일반적으로 널리 사용되고 있는 방식으로 표기했다. 노래 제목과 앨범 제목은 영어를 그대로 사용했다.

ROCK ONOMICS

록코노믹스

록으로 읽는 경제학

피용익 지음

도서출판 새빛
SAEVIT

차례

들어가는 글 – Cum On Feel the Noize 7

I. Nothin' But A Good Time

경제적 풍요로움을 즐긴 로큰롤 13
공장에서 태어난 헤비메탈 21
오일쇼크와 펑크 록의 탄생 28
경제 성장기를 수놓은 글램 메탈 34
우울한 경제를 대변한 그런지 록 40
인터넷이 록 스타를 죽였다 45
팬데믹 이후 록의 미래는? 49

II. Practice What You Preach

밥 딜런 성공으로 본 '부의 편중' 55
본 조비 히트곡의 배경이 된 '낙수효과' 62
척 베리와 '창시자의 저주' 66
브루스 스프링스틴이 분노한 '매몰비용' 71
고어 부인이 불러온 '메기 효과' 75
테일러 스위프트의 '프레너미' 81
빅밴드 사라진 이유는 '보몰의 비용질병' 85
스타디움이 만들어낸 '규모의 경제' 88
음악이 우리에게 주는 '가치의 역설' 91

III. Runnin' with the Devil

지속 가능한 경영을 위한 다섯 가지 원칙 97
소비자는 최초보다 최고를 기억한다 104
다르게 생각해야 새로운 시장이 열린다 108
모방으로 안 된다면 역발상을 하라 112
틈새시장을 파고들면 성공이 보인다 115
미래를 내다보는 안목을 키워라 120
연관 산업과의 시너지를 꾀하라 125
새로운 판매 루트를 찾아보라 129
분야 확장으로 주력 사업을 뒷받침하라 133
M&A는 성공의 지름길이 될 수 있다 137
경쟁자와도 협업해 시너지를 내라 141
브랜드 파워를 높일 기회를 놓치지 말라 145
위기에서 구해줄 새 소비자를 주목하라 150

IV. Moneytalk

탐욕이 불러온 반 헤일런의 침몰 157
세금이 무서워 도망친 뮤지션들 163
로큰롤 DJ가 돈을 버는 방법 166
재주는 엘비스가 부리고 돈은 파커가 챙겼다 171
프레디 머큐리의 재산을 증여받은 그녀 176
단돈 1달러가 바꿔놓은 MTV의 운명 181
'악마의 뿔' 제스처 상표권자는 누구? 184
돈 때문에 법정에 선 로커들 188
빼앗겼다 되찾은 '달콤씁쓸한' 저작권 192
디스코 열풍에 던져버린 '록부심' 197
록 스타가 '투잡'을 뛰는 이유 201
가짜 록스타가 벌인 SNS 사기극 205

V. Into the Arena

앨범 발표 없이 공연만 하는 까닭 213
공연 티켓 '순삭' 이유 알고 보니 218
가수 만나는데 얼마까지 낼 수 있나요? 221
암표 거래의 경제학 225
록 페스티벌도 고령화 시대 229
오지 할아버지의 마지막 콘서트 233
레드 제플린 재결합 가치는 8500억원? 237
라이브 에이드가 만들어낸 기적 242
우드스탁 페스티벌의 저주 247

VI. Same ol' Situation

저작권료 안 주려고 재녹음한 명반 255
커트 코베인 사망 후 급증한 앨범 판매 259
소포모어 징크스 극복한 명반 262
일본 음반에는 왜 보너스 트랙이 있을까 265
일본인들이 여전히 CD를 구입하는 까닭 268
퇴물 취급받던 바이닐의 역주행 271
음반을 거꾸로 돌리면 악마의 메시지가? 273
메탈리카는 무엇을 위해 싸웠는가 279
P2P 이전에 테이프 트레이딩이 있었다 283

VII. Rock in Korea

한국은 어쩌다 록의 불모지가 되었나 289
BTS의 코리안 인베이전 경제 효과 295

Cum On Feel the Noize

'록은 죽었다.'

한때 그렇게도 듣기 싫었던 이 말을 더 이상 부정하기 힘든 요즘이다.

30여 년 전 록 음악에 머리를 흔들던 청소년들은 이제 중년이 되어 지금의 사회적 위치에 더 어울리는 재즈나 클래식 음악을 듣는다. 몇몇은 '삼촌 팬'이 되어 걸그룹 노래를 외우느라 바쁘다. 많은 이들에게 록은 LP 바에서 신청하는 추억 속의 음악일 뿐이다. 고전 록 음악을 들려주던 LP 바조차도 최근에는 '7080 가요'나 틀어주는 장소로 변질됐지만 말이다.

지금도 록 밴드는 여전히 많고, 새로운 록 음악도 꾸준히 발표된다. 하지만 음악 시장의 주 소비층인 요즘 청소년들은 록을 듣지 않는다. 발라드와 힙합, 댄스만 보이던 음원 스트리밍 차트에

난데없이 트로트가 다시 등장했다. 한국만의 독특한 현상은 아니다. 미국 빌보드 차트도 힙합과 R&B가 점령한 지 한참 됐다.

'무엇이 록을 죽였을까?'

이 질문에 대한 해답을 찾기 위해 집필을 시작했다. '불경기엔 치마 길이가 짧아진다'라는 패션 업계의 말처럼, 대중음악도 경기 흐름에 상당한 영향을 받는다는 것을 개인적인 경험과 수년간의 리서치를 통해 발견했다.

특히 로큰롤의 태동에서부터 헤비메탈의 쇠퇴까지의 과정에는 늘 경기의 부침이 있었다. 돌이켜보면, 미국을 중심으로 한 글로벌 경기 흐름에 따라 대략 10년 주기로 록 음악 시장의 판도가 바뀌었다. 1950년대 로큰롤, 1960년대 록, 1970년대 펑크, 1980년대 헤비메탈, 1990년대 얼터너티브 등이 그 시대의 록 음악을 대표했다.

이 책은 경제 성장과 둔화가 록 음악의 장르 형성에 어떤 영향을 미쳤는지를 설명한다. 또한, 록을 포함한 대중음악계에서 일어나는 다양한 현상을 경제학 이론과 경영학 관점으로 알기 쉽게 풀이했다. 60년이 넘는 록의 역사에 있었던 흥미로운 경제 관련 에피소드도 함께 전달한다. 아울러 기술의 발전이 변화시킨 음반 시장의 현주소를 진단하고, 팬데믹 이후의 공연 시장도 조망해 본다. 책을 읽으면서 함께 들으면 도움이 되는 음악도 소개했다.

책의 제목 '록코노믹스'는 '록rock'과 '경제학economics'을 합친 단어이다. 고故 앨런 크루거 프린스턴 대학교 교수가 대중음악을 통해 경제 현상을 쉽게 설명하기 위해 창시한 분야이다. 국내에는 2017년 9월부터 이데일리에 연재한 '피용익의 록코노믹스'를 통해 처음 소개됐다. 이 책에서 다루지 못한 부분도 많기 때문에 앞으로 더 많은 연구가 진행되길 기대한다.

오랜 집필 기간 동안 기다려주신 새빛 전익균 대표님, 이데일리에 연재한 글을 엮어 책을 낼 수 있도록 배려해주신 이데일리 곽재선 회장님, 이익원 대표님, 김상헌 편집국장님, 선상원 에디터님을 비롯한 회사 선후배들, 나의 졸필에 변함없는 성원을 보내주시는 독자님들께 감사드린다.

늘 곁에서 나의 꿈을 응원해주고 지지해주는 사랑하는 와이프, 언제나 즐거운 우리 가족, 부모님과 형, 형수님, 조카들, 그리고 어린 시절 록 스타의 꿈을 함께 키웠던 동지들과 좋은 음악을 공유하는 소중한 친구들에게도 고마움을 표한다.

마지막으로, 나의 젊은 날을 함께 한 우리 시대 불멸의 로커들에게 이 책을 바친다.

'록은 살아 있다.'

팬데믹 시대, 삼성동에서

피용익

I

Nothin' But A Good Time

록 음악은 경제의 산물이다. 1950년대 로큰롤의 태동부터 1960년대 헤비메탈의 출현, 1970년대 펑크 록의 인기와 1980년대 글램 메탈의 흥망성쇠, 1990년대 그런지 록의 부흥 등 록의 역사는 그 시대의 경제 상황과 밀접하게 맞물려 진행됐다. 기술의 발전도 록 음악에 상당한 영향을 줬다. 라디오와 주크박스가 로큰롤의 대중화에 기여했다면, 인터넷의 발달은 록 음악의 몰락을 가져왔다. 록 음악의 대표적인 장르가 뜨고 지는 과정을 경제지표와 함께 살펴보자.

★

경제적
풍요로움을
즐긴
로큰롤

1990년대 중반에 있었던 일이다. 서울 신촌의 한 대학 축제에서 국내 유명 헤비메탈heavy metal 밴드가 축하 공연을 했다. 공연 중간 사회를 맡은 학생회 관계자가 무대에 올라 밴드의 보컬리스트에게 '저항 음악'에 대해 한마디 해달라고 요청했다. 이에 대한 보컬리스트의 대답은 사회자를 당황스럽게 만들었다.

"저항은 배운 분들이나 하시고요, 저는 음악이나 하렵니다."

록rock 음악은 흔히 '저항 음악protest music'으로 불린다. 1960년대 일부 뮤지션들이 반전反戰과 평화를 노래한 영향이 크다. 대놓고 저항을 외치지 않더라도, 보수적인 사회에서 마약과 섹스를 찬양하는 노래를 부르는 것도 일종의 저항이다. 유행과 상관없이 긴 머리카락을 휘날리는 것도 저항이라면 저항이다. 저항 정신은 록 음악 곳곳에 스며들어 있는 것이 사실이다.

하지만 록이 처음부터 사회를 비판하고 체제에 저항하기 위해 만들어진 음악은 아니다. 록의 기원인 로큰롤rock and roll의 탄생 과정을 보면, 오히려 풍요로운 세상을 더 신나게 즐기기 위해 만들어졌다는 점을 알 수 있다. 신촌 대학 축제 무대에 올랐던 뮤지션의 발언도 이런 맥락에서 이해된다.

경제지표를 보면 이 같은 주장은 설득력을 얻는다. 1951년부터 1960년까지 미국 경제는 총 37% 성장했다. 이 결과 미국은 그때까지 지구상에서 나타난 나라 가운데 가장 부유한 나라가 됐다. 소득 분배도 상당한 평등화가 일어났다. 1928~1946년에는 최상위 5%의 고소득자가 전체 국민 소득의 3분의 1을 차지했지만, 1950년대에 이르러서는 이 비율이 5분의 1도 되지 않았다. 미국 경제가 번영하면서 중산층과 서민층까지도 혜택을 입어 전 국민이 골고루 잘 사는 나라가 됐다는 의미다.

제2차 세계대전과 한국 6·25 전쟁 이후 조성된 미국과 소련의 냉전 체제는 경제 성장세를 부추겼다. 아울러 이 시기 양쪽 진영에서는 안보의 중요성이 부각되면서 방위산업과 함께 신기술이 놀라운 발전을 거듭했다. 최초의 컴퓨터(1951년), 최초의 트랜지스터 라디오(1954년), 최초의 집적회로(1956년), 최초의 인공위성(1957년) 등이 모두 이때 나왔다.

미국에서는 베이비 붐 영향으로 인구가 급증하면서 도시 외곽에 대규모 주택단지가 형성됐고, 인구 밀집 지역을 중심으로 서비스업 성장의 발판이 마련됐다. 1955년에는 시카고 인근에 최초의 맥도날드McDonald's가 문을 열었으며, 로스앤젤레스L.A.에는

1953년 1월 5일 미국 주간지 라이프 표지.
미국 경제의 호황으로 인해 달라진 미국인의 삶을 커버 스토리로 다뤘다.

디즈니랜드Disneyland가 개장했다.

제조업과 서비스업의 급속한 발전은 음악 시장의 성장으로 연결됐다. 1951년에는 45 RPM 레코드를 사용하는 주크박스가 미국 전역의 레스토랑 곳곳에 설치됐다. 그로부터 3년 뒤에는 트랜지스터 라디오가 미국에서 인기를 끌었다.

주크박스와 트랜지스터 라디오의 발명은 음악 소비의 변화를 주도했다. 그동안 비싼 가격의 오디오와 음반을 통해 집에서만 접할 수 있던 음악을 언제 어디서나 싼 값에 즐길 수 있게 된 것이다. 음악을 소비하는 가격이 낮아지면서 자연스럽게 젊은이들이 음악의 주 소비층으로 떠올랐다.

특히 경제적 풍요로움과 기술의 발전은 이 시대 10대 청소년들의 삶의 방식을 바꿔놓기에 충분했다. 그들은 부모 세대와 다른 라이프 스타일을 추구했다. 부모들이 가족의 생존을 위한 음식을 장만하는 데 돈을 썼다면, 자식들은 자신의 만족을 위해 음악과 패션을 소비했다.

미국 뮤지션 조 스태포드Jo Stafford는 1958년 10월 13일자 대중음악 주간지 빌보드Billboard와의 인터뷰에서 "오늘날 9~14세 연령층은 부모로부터 받은 돈으로 풍부한 음반을 구입해 시장에 영향을 주는 첫 세대가 됐다"고 진단했다.

그런 신세대 청소년들에게 스탠다드 팝이나 재즈, 컨트리는 그들의 에너지와 자유분방함을 대변해줄 수 없는 따분한 음악일 뿐이었다. 혈기왕성한 젊은이들은 더 강하고 더 빠르고 더 신나는 음악을 찾았다.

때마침 1950년대 중반 악기 제조업체인 펜더Fender와 깁슨Gibson이 각각 대량 생산하기 시작한 솔리드바디 일렉트릭 기타가 만들어내는 쨍쨍한 소리는 이들의 요구에 정확하게 부합했다. 우리가 아는 로큰롤 특유의 사운드가 만들어진 것이다. 척 베리Chuck Berry, 리틀 리처드Little Richard, 빌 헤일리Bill Haley, 그리고 '로큰롤의 제왕' 엘비스 프레슬리Elvis Presley는 대표적인 로큰롤 뮤지션들이다.

1985년에 만들어진 영화 '백 투 더 퓨처Back to the Future'에는 1955년으로 간 주인공 마티 맥플라이가 한 고등학교 축제에서 "Johnny B. Goode"를 연주하는 장면이 나온다. 이때 '마빈 베리'라는 사람이 '척'에게 전화해 마티의 기타 연주를 들려준다. 1958년에 발표된 척 베리의 로큰롤 명곡이 미래에서 온 마티의 연주에서 영감을 받은 것이라는 흥미로운 설정이다.

'백 투 더 퓨처' 같은 설정이 괜히 만들어진 게 아니다. 로큰롤이 처음 등장했을 때 대중은 적잖은 충격을 받았다고 한다. 영화에서도 마티의 현란한 연주를 보는 학생들의 표정은 어리둥절한 모습으로 그려진다. 당시 로큰롤은 그만큼 듣지도 보지도 못한 혁신적인 사운드였다는 의미다.

심장을 쿵쾅쿵쾅 울리는 음악 소리와 마음을 대변해주는 노래 가사는 청소년들로부터 선풍적인 인기를 끌었다. 인류의 역사 이래 처음으로 청소년들이 대중음악 시장의 주인공으로 떠오른 순간이었다. 경제적 풍요로움과 기술의 발전이 없었다면 불가능한 일이었을 것이다.

미국에서 탄생한 로큰롤을 가장 먼저 받아들인 나라는 영국이었다. 영국은 미국과 같은 언어를 사용하고, 제2차 세계대전 직후 영국에 주둔하던 미군을 통해 미국 문화에 쉽게 노출돼 있었다.

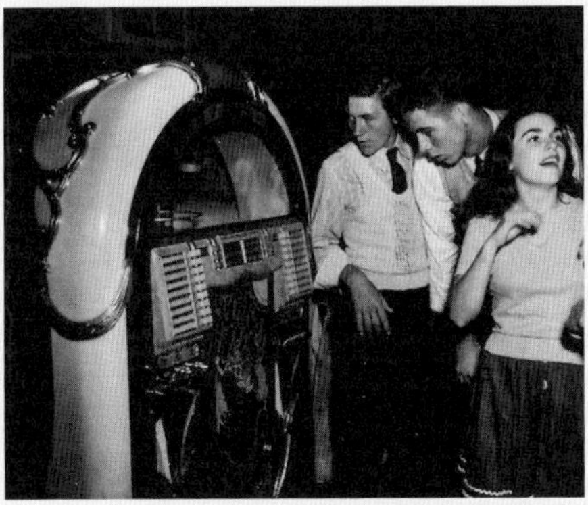

주크박스에서 나오는 음악을 들으며 몸을 흔드는 1950년대 미국 청소년들

로큰롤이 자리를 잡을 수 있는 토대가 잘 마련돼 있었던 셈이다.

경제적으로도 그 당시 영국은 미국과 마찬가지로 호황이었다. 전쟁의 폐허를 복구하는 과정에서 수많은 일자리가 창출됐고, 소득이 높아진 영국인들은 전에 없던 풍요함을 누렸다. 이 시기 영국 경제를 '황금 시대golden age'라고 부를 정도다. 1950년부터 1965년까지 영국인들의 실질소득은 40% 상승했다. 실업률은 평균 2%에 불과했다. 최초의 고속도로가 생겨났고, 대형 쇼핑몰이 들어섰다. 먹고 살 걱정이 없어진 부모 밑에서 자란 청소년들은 자연스럽게 대중문화를 소비했다.

1958년 영국 가수 클리프 리처드Cliff Richard가 발표한 'Move It'은 영국에서 만들어진 최초의 로큰롤 노래로 꼽힌다. 훗날 세계를 점령한 영국 록 밴드 비틀즈The Beatles의 존 레논John Lennon은 "클리프 리처드 이전에는 들을만한 영국 음악이 없었다"고 말하기도 했다.

클리프 리처드의 성공 이후 조 브라운Joe Brown, 조니 키드Johnny Kidd & The Pirates 등 영국 로큰롤러들이 속속 등장했다. 이 영향으로 1950년대 후반 들어서는 영국 곳곳의 도시에서 밴드 결성 붐이 일었다. 리버풀에는 350개에 달하는 로컬 밴드들이 클럽이나 무도회장에서 공연을 하며 '리버풀 사운드Liverpool Sound'라고도 불리는 비트beat 뮤직 신scene을 형성했다. 비틀즈도 그 중 하나였다.

비틀즈, 롤링 스톤즈The Rolling Stones, 킹크스The Kinks, 홀리스The Hollies, 애니멀즈The Animals 등은 미국 로큰롤에 자신들의 색깔을 입힌 음악으로 음반 순위를 석권했다. 그리고 이들은 더 큰 시장,

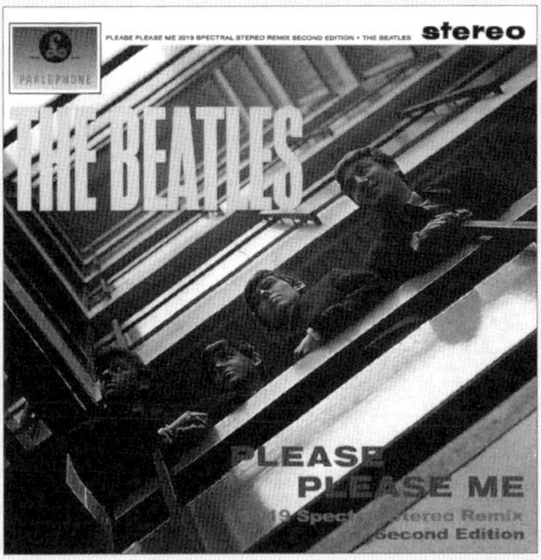

비틀즈의 'Please Please Me'

즉 미국으로 눈길을 돌렸다. 대중음악사에서 이른바 '브리티시 인베이전British Invasion'으로 불리는 사건이다.

미국 침공에 앞장선 밴드는 비틀즈였다. 이들이 발표한 곡 "I Want To Hold Your Hand"는 1964년 1월 25일 미국 빌보드Billboard 싱글 차트 1위를 차지했다. 이러한 인기를 바탕으로 같은 해 2월 7일 비틀즈가 뉴욕 존 F. 케네디 공항에 도착하자 미국의 신문과 방송은 앞다퉈 '비틀마니아Beatlemania' 현상을 다뤘다. 이틀 뒤 비틀즈가 출연한 에드 설리번 쇼The Ed Sullivan Show는 45%라는 이례적으로 높은 시청률과 7300만명의 시청자 수를 기록했다.

비틀마니아 현상은 미국에서 막대한 부가가치를 창출했다. 비틀즈가 미국을 방문한 9일 동안 미국인들은 비틀즈 음반 200만

장과 비틀즈 관련 굿즈 250만 달러어치를 구입했다. 비틀즈 밴드 로고나 멤버 사진이 들어간 모자, 티셔츠, 바지는 물론 비틀즈 잠옷과 과자까지도 불티나게 팔렸다. 비틀즈 멤버의 헤어 스타일과 패션을 따라하는 것도 유행이었다. 전통적인 미국 남성 패션이 바뀐 게 바로 이때였다는 얘기도 있다.

1964년 2월 미국 주간지 라이프Life에 실린 한 문장은 영국 록 음악에 대한 미국의 완전한 항복 선언과도 같았다.

"1776년에 영국은 아메리카 식민지를 잃었다. 그리고 지난주 비틀즈는 그곳을 되찾았다."

꼭 들어봐야 할 1950년대 로큰롤	
1	Johnny B. Goode - Chuck Berry
2	Jailhouse Rock - Elvis Presley
3	Rock Around The Clock - Bill Haley & His Comets
4	Tutti-Frutti - Little Richard
5	Whole Lot of Shakin' Going On - Jerry Lee Lewis
6	What'd I Say - Ray Charles
7	Summertime Blues - Eddie Cochran
8	Hound Dog - Elvis Presley
9	Long Tall Sally - Little Richard
10	That'll Be The Day - Buddy Holly & the Crickets
11	Maybellene - Chuck Berry
12	Bo Diddley - Bo Diddley
13	Shake, Rattle And Roll - Joe Turner

★

공장에서 태어난 헤비메탈

'헤비메탈은 노동계층 음악이다.'

미국과 영국의 대중음악계에선 널리 통용되는 말이다. 메탈리카Metallica나 건즈 앤 로지스Guns N' Roses 등 대중적인 인기를 끄는 일부 밴드를 제외하고는 헤비메탈 공연장을 주로 채우는 사람들은 공장 근로자들과 식당 종업원들이다. 이들은 월스트리트나 시티 오브 런던에서 일하는 고소득 직장인들과는 차림새도 다르고 말투도 다른 계층이다.

도대체 음악과 계층이 무슨 상관이 있겠나 싶겠지만, 헤비메탈의 탄생 과정을 살펴보면 왜 노동계층의 음악이 됐는지 어느 정도 고개가 끄덕여진다.

1950년대 이후 경제적 풍요로움의 산물과도 같은 록은 기본적으로 '즐기는' 음악이었다. 젊은이들은 흥겨운 리듬에 몸을 흔들었고, 이들의 자유로운 삶은 종종 술과 마약, 섹스를 수반했다.

그러나 모든 청년들이 그런 삶을 살 수 있는 건 아니었다. 빠른 속도의 경제 성장은 양극화를 불러왔다. 돈을 버는 사람들은 더 많은 돈을 벌었지만, 서민들의 삶은 상대적으로 피폐해지기 일쑤였다.

영국 경제학자 피터 타운젠드Peter Townsend와 브라이언 아벨-스미스Brian Abel-Smith의 1965년 논문에 따르면 당시 영국인의 14%에 달하는 750만명이 빈곤층이었다. 전체 빈곤층에서 15세 미만 어린이가 차지하는 비중은 29%에 달했다.

특히 영국 버밍엄과 같은 공장 지대의 삶은 비참했다. 이곳에 사는 청소년들의 삶에는 희망이 없었다. 비틀즈에 열광하는 런던 시민들의 삶과는 괴리가 점점 커져갔다. 이들은 여전히 즐거움이 아닌 생존을 위한 삶을 살고 있었다.

당시의 상황은 1948년 버밍엄에서 태어난 헤비메탈 뮤지션 오지 오스본Ozzy Osbourne의 회고에도 드러난다. 그는 2010년에 발표한 자서전 『I Am Ozzy』에 이렇게 썼다.

"전쟁(제2차 세계대전) 이후의 삶은 그다지 쉽진 않았다. 아버지가 GEC 공장에서 야간근무를 마치고 아침에 돌아오면, 어머니가 루카스 공장에서 근무를 시작했다. 이것은 무척이나 단조로운 고역이었다."

물론 오지 오스본도 다른 대부분 청소년들과 마찬가지로 비틀즈의 팬이었다. 그는 비틀즈의 1963년 곡 "She Loves You"를 듣고 뮤지션의 꿈을 키웠다고 한다. 그렇지만 가난과 범죄에 노출

블랙 사바스. 왼쪽부터 기저 버틀러, 토니 아이오미, 빌 워드, 오지 오스본
(출처: 블랙 사바스)

됐던 그가 만드는 음악이 비틀즈의 음악처럼 밝고 아름다울 수는 없었다. 어린 시절부터 형성된 어두운 정서는 그가 결성한 밴드 블랙 사바스Black Sabbath의 음악에 그대로 녹아들었다.

앤드루 코프Andrew L. Cope는 저서 『블랙 사바스와 헤비메탈의 출현Black Sabbath and the Rise of Heavy Metal Music』에서 "블랙 사바스의 초기 작품에 분명하게 드러나는 어둡고, 분노에 찬, 심각한 음악은 중부 산업화 지역 막다른 노동계층의 공장 인생과 연관이 있다"라고 분석했다.

실제로 오지 오스본과 함께 1968년 블랙 사바스를 결성한 기타리스트 토니 아이오미Tony Iommi는 공장 노동자였다. 그는 공장 일을 하다가 손가락을 잃었는데도 유명 기타리스트가 된 일화로도 유명하다. 기존 음악에서 들을 수 없었던 블랙 사바스의 무겁고 시끄러운 사운드는 토니 아이오미가 매일같이 경험한 공장의 기계 소음에서 비롯됐다고 해석하는 사람들도 있다.

블랙 사바스와 비슷한 시기에 레드 제플린Led Zeppelin과 딥 퍼플Deep Purple도 활동을 시작했다. 블랙 사바스와 마찬가지로 멤버들의 가정 형편은 썩 좋지 못했다. 레드 제플린의 리더이자 기타리스트인 지미 페이지Jimmy Page의 아버지는 공장 근로자들을 관리하는 매니저였고, 딥 퍼플의 보컬리스트 이언 길런Ian Gillan의 아버지는 공장 창고지기였다.

이들은 런던 고급 주택가에 살며 비틀즈 노래를 흥얼거리는 부유한 학생들과 똑같은 정서를 공유할 리 없었다. 블랙 사바스

미국 음악지 '크림'의 1979년 10월호 표지. 헤비메탈의 위기를 커버 스토리로 다뤘다.

와 레드 제플린, 딥 퍼플이 만든 음악이 일반 대중이 즐기는 록 음악보다 빠르고, 시끄럽고, 어두운 것은 어쩌면 자연스러운 현상이었다. 이것이 헤비메탈의 탄생이었다.

그러나 최초의 헤비메탈 밴드로 꼽히는 블랙 사바스, 레드 제플린, 딥 퍼플은 1970년대 들어 위기를 맞았다. 블랙 사바스는 보컬리스트 오지 오스본을 해고했고, 레드 제플린은 멤버 간 불화로 인해 활동이 현저하게 줄었다. 딥 퍼플은 일시적으로 활동을 중단했다.

헤비메탈을 창시한 3대 밴드가 모두 이런 처지에 놓이자 미국 음악지 크림Creem은 1979년 10월호에 '헤비메탈은 죽었는가?Is Heavy Metal Dead?'라는 글을 싣기도 했다.

헤비메탈을 부활시킨 것은 다름 아닌 당시의 암울한 영국 경제 상황이었다.

영국은 1973년부터 1975년까지 이어진 경기침체로 인해 완전고용이 붕괴되고 실업률은 1976년 5%를 넘어섰다. 여기에 탈산업화가 진행되면서 1983년 2월에는 실업자가 사상 최고인 322만 4715명에 달했다. 거리로 내몰리게 생긴 공장 노동자들은 파업과 폭동을 일삼았고, 이들은 종종 헤비메탈 음악을 통해 분노를 표출했다.

음악 저널리스트인 존 터커John Tucker는 "1970년대 후반부터 영국에서 폭발적으로 탄생한 밴드들과 새로운 음악 스타일은 경제 불황의 산물"이라고 분석했다.

헤비메탈은 젊은이들에게 재미를 줬고, 스트레스를 풀어줬으며, 실업으로 인해 모든 것을 빼앗긴 동료들 사이에 동질감을 부여했다. 헤비메탈 밴드들은 주로 술을 파는 펍에서 연주했기 때문에 공연을 보는 데는 돈도 별로 들지 않았다.

데프 레퍼드Def Leppard, 색슨Saxon, 주다스 프리스트Judas Priest, 아이언 메이든Iron Maiden, 유에프오UFO, 베놈Venom 등이 1970년대 말 잇따라 데뷔했다. 블랙 사바스는 새 보컬리스트 로니 제임스 디오Ronnie James Dio를 영입해 제2의 전성기를 맞았다.

영국 음악 잡지 사운즈Sounds의 기자 제프 바튼Geoff Barton은 1979년 5월호 기사에서 이같은 움직임을 '뉴 웨이브 오브 브리티시 헤비메탈New Wave Of British Heavy Metal·NWOBHM'이라고 명명했다.

NWOBHM이 전 세계적인 인기를 끌면서 영국 밖에서도 헤비메탈 밴드들이 속출했다. 미국에서는 블루 오이스터 컬트Blue Öyster Cult와 테드 누전트Ted Nugent가 등장했고, 독일의 스콜피온즈Scorpions와 호주의 AC/DC가 활동을 시작했다. 1980년대를 풍미한 헤비메탈의 시대는 이렇게 시작되고 있었다.

가디언이 선정한 NWOBHM 10선	
1	Am I Evil? – Diamond Head
2	Don't Stop By – Tygers of Pan Tang
3	Angel Witch – Angel Witch
4	Getcha Rocks Off – Def Leppard
5	Father of Time – Demon
6	Phantom of the Opera – Iron Maiden
7	C'Mon Let's Go – Girlschool
8	Vice Versa – Samson
9	Warhead – Venom
10	Machine Gun – Saxon

오일쇼크와 펑크 록의 탄생

1970년대는 록 음악의 전성기였다. 무엇보다 1969년 8월 15일부터 사흘간 미국 뉴욕주 베델 평원에서 열린 '우드스탁 페스티벌 Woodstock Festival'은 1970년대 록이 대중화되는 데 크게 기여했다. 산타나Santana, 그레이트풀 데드The Grateful Dead, 더 후The Who, 제퍼슨 에어플레인Jefferson Airplane, 재니스 조플린Janis Joplin, 지미 헨드릭스Jimi Hendrix 등은 지금까지 록을 모르고 지내던 사람들의 귀를 열어주었다.

록 음악이 인기를 끌면서 다양한 하위 장르가 탄생했다. 하드 록hard rock, 아레나 록arena rock, 서던 록southern rock, 프로그레시브 록progressive rock, 블루스 록blues rock, 글램 록glam rock 등은 1970년대부터 본격적으로 전개됐다.

1950년대 로큰롤과 1960년대 헤비메탈의 탄생이 경제 상황의 영향을 받은 것처럼 1970년대 들어 록 음악이 다양한 하위 장르로 세분화되는 과정에서도 미국과 영국의 경제는 무시할 수 없는 요인으로 작용했다. 특히 1970년대 가장 인기있는 장르 중 하나였던 펑크 록punk rock의 탄생 과정을 눈여겨볼 만하다.

1970년대 미국 경제에는 불확실성이 짙었다. 언제 끝날지 모를 베트남 전쟁이 진행되고 있었고, 두 차례에 걸친 석유 파동을 겪어야 했다. 이 와중에 미국 경제와의 간극을 좁히는 위협적인 나라들이 등장했다. 그 당시 경제 전문가들은 조만간 일본 경제가 미국을 앞설 것이라는 전망을 앞다퉈 내놓았다.

영국 경제는 그야말로 최악이었다. 1970년대 영국은 저성장 국면에서 벗어나지 못했다. 1973~1979년 영국의 연평균 경제 성장률은 2.3%에 그쳤다. 당시 선진 7개국G7 국가 중 꼴찌에서 두 번째였다. 게다가 주요 기업을 장악한 강성 노동조합은 파업을 일삼으며 저생산성과 고임금 구조를 고착시켰다.

대중음악은 이러한 경제·사회적 불확실성에서 벗어나는 돌파구로 작용했다. 무엇보다 전 세계를 강타한 '오일 쇼크Oil Shock'로 인한 영국과 미국의 대량 실직 사태가 펑크 무브먼트로 이어진 것은 1970년대 대중음악에서 가장 중요한 사건이었다.

1973년 10월 16일, 페르시아만의 6개 석유 수출국들은 석유수출국기구OPEC 회의에서 원유 고시가격을 17% 인상한다고 전격 발표했다. 이튿날 이스라엘은 아랍 점령지역에서부터 철수하고 팔레스타인의 권리가 회복될 때까지 매월 원유생산을 전월에 비해 5%씩 감산하기로 결정했다.

이에 따라 1973년 초 배럴당 2.59달러였던 원유 가격은 1년 만에 11.65달러로 4배 가까이 치솟았다. 그동안 석유를 필요한 만큼 안정적인 가격에 들여오던 석유 수입국들은 패닉에 빠졌다. 석유가 부족해 공장 가동이 멈췄고, 문을 닫는 공장이 속출하면서 실업자들이 거리에 넘쳐났다. 유가 상승은 물가를 끌어올렸고, 실직자들은 봉급이 끊긴 데 이어 높은 물가에 시달리는 이중고를 겪게 됐다.

미국의 경우 1973년 11월부터 1975년 3월까지 분기별 실질 성장률이 연속 하락하는 리세션을 겪었고, 이 과정에서 실업자가 양산됐다. 실업률은 리세션이 끝난 후에도 고공행진을 이어가며 1975년 5월에는 9%로 뛰었다. 영국은 1973년부터 1975년 사이 리세션을 맞아 국내총생산GDP 성장률이 3.9% 하락했다. 물가 상승률은 20% 이상으로 치솟았다.

오일쇼크로 인해 거리로 내몰린 실직자들은 대부분 별다른 기술이 없는 젊은이들이었다. 이들은 끓어오르는 분노를 표출할 통로가 필요했다. 평소 록 음악을 즐겨듣던 실직자들은 밴드를 결성하기에 이르렀다. 이들은 음악 교육을 받은 적이 없어 작곡 능력이나 연주 능력이 없었지만, 오히려 '단순함'을 무기로 분노에 찬 대중들을 단숨에 사로잡았다. 펑크 록은 이렇게 탄생했다.

대중음악 저널리스트인 라이언 쿠퍼Ryan Cooper의 설명을 들어보자.

"경제는 형편없는 모양새였다. 실업률은 사상 최고치로 치솟았다. 젊은이들은 화가 나 있었고, 반항적이었으며, 일자리를 잃은 상태였다. 이들은 강한 주장을 갖고 있었고, 자유 시간이 많았다."

물론 펑크 록 태동 이전에 등장한 헤비메탈 역시 분노에 찬 노동자들의 음악이긴 했지만, 이들은 데뷔하기까지 충분한 시간을 가졌다. 이에 비해 아무런 악기를 배우지 못한 젊은 실직자들이 하루아침에 헤비메탈을 연주하기는 쉽지 않았다. 펑크 록의 곡 길이가 상대적으로 짧고, 단순한 코드로 전개되며, 화려한 기타 솔로도 없는 것은 뮤지션들의 실력 부족에 기인한다는 해석이 지배적이다.

1976년 영국에서 발행된 잡지 사이드번즈Sideburns가 펑크 록에 대한 일러스트를 실으면서 "이게 하나의 코드이고, 이건 또 다른 코드, 그리고 이건 세 번째 코드. 이제 밴드를 결성하자"고 표현한 것은 펑크 록의 특징을 단적으로 보여주는 예라고 할 수 있다.

펑크 매거진Punk Magazine의 에디터인 존 홈스트롬John Holmstrom은 "펑크 록은 뮤지션으로서의 기술은 별로 없지만, 음악을 통해 자신을 표현할 필요를 느낀 사람들에 의한 로큰롤"이라고 설명했다.

헤비메탈이 영국에서 시작된 반면, 펑크 록의 등장은 동시다발적이었다. 미국에서는 뉴욕의 클럽 CBGB를 중심으로 1974년부터 라몬즈Ramones 등의 밴드가 공연 활동을 하며 펑크의 초석을 다졌다. 영국에서는 일자리를 찾지 못한 젊은이들이 거리에서 몰려다니며 펑크 문화를 형성했고, 일부 펑크족들은 섹스 피스톨즈Sex Pistols, 클래시The Clash 등의 밴드를 결성했다.

섹스 피스톨즈. 왼쪽부터 시드 비셔스, 스티브 존스, 폴 쿡, 조니 로튼
(출처: REUTERS/Handout)

펑크 록 밴드가 궁극적으로 표현하고 싶었던 것은 당시 경제 상황에 대한 노동계층의 분노였다. 이는 노래 가사에서도 잘 드러난다.

클래시의 "Career Opportunities" 가사는 "직업, 직업, 직업, 그것은 결코 문을 두드리지 않아Career, career, career, it ain't never gonna knock"란 외침으로 끝난다.

섹스 피스톨즈의 "God Save The Queen"은 "당신에게 미래는 없다There's no future for you"라며 영국 경제의 현실을 조롱했다.

하지만 펑크 록의 인기는 반짝하는 데 그쳤다. 세상을 뒤흔들던 섹스 피스톨즈는 단명했다. 이들이 1975년부터 1978년까지 활동하며 발표한 정규 앨범은 'Never Mind the Bollocks, Here's the Sex Pistols'(1977)가 전부다. 클래시와 라몬즈, 그리고 수많은 밴드들은 활동을 지속했지만 예전과 같은 팬덤을 형성하지는 못했다.

경기 불황이 펑크 록의 탄생으로 이어진 것처럼 펑크의 몰락에도 경제적 요인이 작용했다. 1980년대 들어 세계 경제가 다시 호황을 맞으면서 '분노'라는 펑크 록의 동력이 상당 부분 사라진 것이다.

1970년대 펑크 록 추천곡	
1	Blitzkrieg Bop - Ramones (1976)
2	The God Save the Queen Symphony - Sex Pistols (1977)
3	Search and Destroy - The Stooges (1973)
4	White Riot - The Clash (1977)
5	Oh Bondage! Up Yours! - X-Ray Spex (1978)
6	Ever Fallen In Love - Buzzcocks (1978)
7	New Rose - The Damned (1977)
8	Personality Crisis - New York Dolls (1973)
9	Love Comes in Spurts - Richard Hell and the Voidoids (1977)
10	Anarchy In The UK - Sex Pistols (1977)
11	Holidays in the Sun - Sex Pistols (1977)
12	Gary Gilmore's Eyes - The Adverts (1977)
13	Psycho Killer - Talking Heads (1977)

★

경제 성장기를 수놓은 글램 메탈

1980년대는 헤비메탈이 전성기를 맞은 시대였다. 다만 과거의 거칠고 무거운 사운드에 비해 부드럽고 가벼운 팝송 같은 메탈 음악이 인기를 끌었다. 당시의 경제 호황이 메탈 음악의 변화에 영향을 준 것으로 분석된다.

1980년대 후반 미국과 소련의 냉전 체제가 막바지에 이르고 평화가 지속되면서 미국은 안정적인 3~4%대 성장세를 나타냈다. 일본의 성장률은 1988년에 7%대에 달했고, 유럽 대부분의 국가들도 지금보다 훨씬 높은 성장세를 보였다. 당시 세계 주식시장과 금융시장은 1920년대 이후 가장 호황이었다는 평가를 받는다.

이 시대의 대중음악은 과거 저성장 시기에 억눌렸던 욕망을 표출하는 통로가 됐다. 대중은 반전이나 저항보다는 자유와 쾌락을 추구하기 시작했다. 록 음악도 과거의 어둡고 무거운 분위기를 벗어던졌다. 여자와 술, 심지어 마약을 찬양하는 노래가 넘쳐났다. 헤비메탈에 팝을 접목한 글램 메탈glam metal은 1980년대 후반 대중음악의 주류로 등장했다.

경제의 호황을 반영하듯 이 시기의 로커들은 하나같이 짙은 메이크업을 하고, 무스와 스프레이로 긴 머리카락을 부풀렸다. 과거 헤비메탈의 상징인 '데님 & 레더'는 벗어던졌다. 반짝이는 재킷과 딱 붙는 바지가 새로운 시대 로커의 상징이었다. MTV를 통해 뮤직비디오가 대중화된 시기였기 때문에 록 밴드의 외모는 음악만큼이나 중요한 요소였다.

글램 메탈 밴드들은 음악적으로도 기존 헤비메탈과는 다른 사운드를 들려줬다. 건즈 앤 로지스, 머틀리 크루Mötley Crüe, 본 조비Bon Jovi, 포이즌Poison 등 실력과 외모를 겸비한 밴드들은 따라부

포이즌의 'Look What the Cat Dragged In'

르기 쉬운 가사와 귀에 쏙쏙 들어오는 멜로디, 정교하고 화려한 연주를 앞세워 차트 상위권을 점령했다.

글램 메탈은 연주자들의 한껏 부풀린 헤어스타일 때문에 '헤어 메탈hair metal'이라고 불리기도 했다. 주로 미국 L.A.를 무대로 활동했다는 점에서 일본과 한국에선 'L.A. 메탈'이란 이름으로 더 유명했다.

파워풀한 가창력을 앞세운 애절한 발라드는 글램 메탈 밴드들의 비장의 무기였다. 글램 메탈 밴드가 부르는 록 발라드는 일종의 '미끼상품'과도 같았다. 라디오에서 흘러나오는 아름다운 노래를 듣고 앨범을 구입하면 그 노래 외에는 모두 메탈 음악으로 채워진 경우가 많았다. 다만 헤비메탈에 팝송의 요소를 도입한 글램 메탈 밴드들의 음악은 충분히 대중적이었기 때문에 록 발라드를 통해 유입된 팬들이 글램 메탈 장르에 빠져드는 계기로 작용했다.

록 발라드는 여성 팬을 늘리는 효과적인 수단이 되기도 했다. 스키드 로Skid Row의 세바스찬 바크Sebastian Bach나 포이즌의 브렛 마이클스Bret Michaels 같은 '꽃미남' 보컬리스트가 부르는 애절하고도 호소력 있는 노래에 여성 팬들이 열광하는 것은 당연했다.

글램 메탈의 인기는 당시 음원 순위를 통해서도 확인된다. 1988년 12월 마지막 주 빌보드 싱글 차트를 보면, 1위에는 포이즌의 "Every Rose Has Its Thorn", 7위는 건스 앤 로지스의 "Welcome To The Jungle", 12위는 데프 레퍼드의 "Armageddon It" 등 글램 메탈 밴드들의 노래가 포진해 있다. 본 조비, 화이트라이언White Lion, 신데렐라Cinderella, 빅슨Vixen 등의 노래도 100위 안에 들었다.

글램 메탈 밴드들은 마치 요즘 한국의 걸 그룹이나 보이 그룹처럼 우후죽순 생겨났다. 언론은 뮤지션들의 일거수 일투족을 전하느라 바빴다. 누가 누구랑 술집에서 싸웠는데 누가 이겼다느니 하는 등의 시시콜콜한 이야기부터, 어느 로커의 페니스가 더 큰가를 둘러싼 확인 불가능한 논란마저 관심거리가 됐다.

미국에서 글램 메탈이 인기를 끄는 동안 일본에서는 이른바 비주얼계Visual kei 밴드들이 록 음악의 메인 스트림으로 등장했다. 화려한 패션과 짙은 메이크업, 과장되게 부풀린 헤어스타일로 치장한 로커들은 중성적인 외모와 상반되는 하드하고 헤비한 음악

엑스. 뒷줄 왼쪽부터 파타, 히데, 토시, 타이지. 아래는 요시키.
(출처: 엑스 재팬)

으로 반전 매력을 뽐냈다.

특히 "Endless Rain"으로 유명한 엑스(X, 훗날 X JAPAN으로 개명)의 성공을 통해 상업성이 확인된 비주얼 록 밴드들은 1980년대 후반부터 1990년대 초반까지 전성기를 맞았다. 루나 시Luna Sea, 라크~앙~시엘L'Arc-en-Ciel, 라크리마 크리스티La'cryma Christi, 페니실린PENICILLIN 등이 잇따라 데뷔했다.

미국의 글램 메탈이 1980년대 미국 경제의 호황과 맥을 같이 했던 것처럼, 일본 비주얼계의 모습도 그 당시 일본의 경제와 판박이였다.

1980년대 말 일본 경제를 표현하는 단어는 '거품 경제'다. 마치 비주얼계 뮤지션들의 헤어스타일처럼 한껏 부푼 상태였다. 1985년 플라자 합의 이후 급격한 엔화 가치 상승은 일본은행의 정책금리 인하로 이어졌고, 주식과 부동산 가치가 급등했다. 1989년 12월 29일 닛케이 지수는 3만8915.87 포인트로 사상 최고치를 찍었다. 이후 일본 증시에서 다시는 볼 수 없는 숫자다. 2020년 8월 닛케이 지수가 2만3000 포인트 선이라는 점을 고려하면 당시 주가가 얼마나 폭등했었는지 알 수 있다.

롤링 스톤이 선정한 글램 메탈 앨범 50선 중 톱10	
1	Def Leppard - Hysteria (1987)
2	Poison - Look What The Cat Dragged In (1986)
3	Bon Jovi - Slippery When Wet (1986)
4	Mötley Crüe - Shout At The Devil (1983)
5	Skid Row - Skid Row (1989)
6	Ratt - Out of The Cellar (1984)
7	Faster Pussycat - Faster Pussycat (1987)
8	Kix - Blow My Fuse (1988)
9	Mötley Crüe - Too Fast For Love (1981)
10	Cinderella - Long Cold Winter (1988)

★

우울한 경제를 대변한 그런지 록

화려한 글램 메탈의 시대는 영원할 것처럼 보였다. 그 당시 음악 팬들은 정말 그럴 것이라고 생각했다. 하루가 멀다하고 글램 메탈 밴드의 앨범이 발매됐고, 하나 같이 명반이었다.

글램 메탈 밴드들은 미국 L.A.의 선셋 스트립Sunset Strip에 위치한 '위스키 어 고 고Whisky a Go Go'를 비롯한 다양한 록 클럽에서 매일 밤 공연을 하며 1980년대 말을 화려하게 수놓았다. 불과 몇 년 후 글램 메탈의 시대가 저문다는 것은 아무도 알지 못한 채 말이다.

그러던 어느 날, 너바나Nirvana가 등장했다. 라디오에는 "Smells Like Teen Spirit"이라는 노래가 끊임없이 흘러나왔다. 연주는 단순했고, 노래는 분노에 가득 찼으며, 가사는 우울했다. 멤버들의 외모는 노숙자나 다름없었다. 모든 것이 글램 메탈과는 달랐다.

너바나. 왼쪽부터 커트 코베인, 크리스 노보셀릭, 데이브 그롤
(출처: 너바나)

그런데 대중은 이들의 음악에 매료됐다.

1992년 1월 11일, 너바나의 2집 'Nevermind'는 빌보드 앨범 차트Billboard 200 1위를 차지했다. 당시 최고 팝 스타였던 마이클 잭슨Michael Jackson의 히트 앨범 'Dangerous'를 5주 만에 정상에서 끌어내렸다는 점에서 대단한 화제가 됐다.

너바나의 혜성 같은 등장 이후 록 음악 시장의 판도는 완전히 바뀌었다. 긴 머리를 휘날리며 화려한 연주를 들려주던 글램 메탈은 쇠퇴기에 접어들었다. 그 대신 너바나, 펄 잼Pearl Jam, 사운드가든Soundgarden, 앨리스 인 체인즈Alice in Chains, 스톤 템플 파일럿츠Stone Temple Pilots 같은 시애틀 중심의 그런지 록grunge rock이 메인 스트림으로 떠올랐다.

그런지 록은 얼터너티브 록alternative rock의 한 종류다. 그래서 한국에선 그런지 록을 보통 얼터너티브 록이라고 부르는 경향이 있다. 정확하게 따지면, 얼터너티브 록은 1980년대 메인 스트림 록 음악으로 분류하기 힘든 음악을 통칭하는 용어로 만들어졌다.

1990년대에 들어서면서 그런지 록은 얼터너티브 록의 대표 장르로 자리를 잡았다. 너바나를 위시한 그런지 밴드들은 사회에 대한 분노, 좌절, 소외 등의 정서를 단순한 연주에 담아냈다.

글램 메탈 밴드 신데렐라의 보컬리스트 톰 키퍼Tom Keifer는 2017년 한 인터뷰에서 "모든 것이 올바른 방향으로 가고 있었는데, 갑자기 그런지가 등장하면서 전체 음악 업계가 변해 버렸다"고 당시 상황을 회고했다.

글램 메탈을 몰락시킨 그런지 록의 갑작스러운 인기는 당시의 경제지표를 통해 해석해볼 수 있다. 고속 경제 성장이 글램 메탈의 융성에 기여한 것처럼 그런지 록의 인기 배경에도 경제 상황이 있었다.

1990년대 들어 세계 경제 성장률은 급격하게 둔화됐다. 1990년 미국의 성장률은 1.9%로 낮아졌고, 1991년에는 -0.1%를 기록하며 1982년 이후 9년 만에 처음으로 역逆성장했다. 더 이상 흥청망청 먹고 마시며 쾌락을 추구할 수 없게 된 것은 물론이고, 당장 일자리를 찾기조차 어려워졌다. 그런지 록 밴드들의 분노어린 노래가 대중의 공감을 얻을 수 있는 배경이 만들어진 것이다.

음악 프로듀서인 제시 캐논Jesse Cannon은 2009년 칼럼에서 "액슬 로즈(건스 앤 로지스)와 브렛 마이클즈(포이즌)가 지저분한 당구대에서의 섹스를 노래하고 있을 때 에디 베더(펄 잼), 빌리 코건(스매싱 펌

킨스), 커트 코베인(너바나)은 소외된 청년들이 쉽게 공감할 수 있는 상황들을 노래로 만들었다"라고 그런지 록 인기의 배경을 분석했다.

미국 시사 주간지 타임Time이 너바나의 리더 커트 코베인Kurt Cobain을 '신나는 북서부의 존 레논The John Lennon of the swinging Northwest'이라고 명명한 것은 당시 그런지 록의 인기가 어느 정도였는지를 잘 보여준다.

그런지 록의 돌풍은 1970년대 중반 펑크 문화와도 종종 비교된다. 그런지 역시 음악을 넘어 패션을 포함한 문화 현상으로 번졌다. 1990년대 중반 한국에서도 유행했던 체크무늬 남방셔츠와 펑퍼짐한 면바지 또는 찢어진 청바지를 매치한 스타일은 그런지 패션의 영향을 받은 것이다.

공교롭게도 펑크와 마찬가지로 그런지 록의 인기는 오래 가지 못했다. 여러 요인이 작용했지만 1994년 4월 5일에 있었던 커트 코베인의 자살이 결정적인 역할을 했다는 의견이 지배적이다. 같은 해 펄 잼이 티켓마스터Ticketmaster의 불공정한 관행에 대항해 여름 투어를 중단한 것도 그런지 록의 인기를 빠르게 식게 만든 한 원인이 됐다.

경제 상황도 영향을 줬다. 1990년대 초 미국 경제 성장률의 둔화가 글램 메탈의 쇠퇴와 그런지 록의 부흥을 이끈 것과는 정반대의 상황이 벌어졌다. 1990년대 중반 다시 성장세로 돌아선 경제는 희망 없이 분노에 찬 그런지 록의 몰락을 부추겼다.

1993년부터 2001년까지 집권한 빌 클린턴 미국 대통령은 미국 경제의 황금기를 이끌었다는 평가를 받는다. 클린턴 행정부에서 미국 경기는 120개월 연속 확장했고, S&P500 지수는 417% 상승했으며, 닷컴 열풍은 막대한 부로 이어지며 수많은 청년 재벌을 탄생시켰다. 더 이상 삶을 비관하며 우울한 음악을 들을 이유가 없어진 셈이다.

라우더 사운드 선정 베스트 그런지 앨범 10선	
1	Nirvana - Nevermind (1991)
2	Pearl Jam - Ten (1991)
3	Soundgarden - Badmotorfinger (1991)
4	Temple Of The Dog - Temple Of The Dog (1991)
5	Mother Love Bone - Apple (1990)
6	Alice In Chains - Facelift (1990)
7	Smashing Pumpkins - Gish (1992)
8	Stone Temple Pilots - Core (1992)
9	Screaming Trees - Uncle Anesthesia (1991)
10	Various - Singles Original Sounsdtrack (1992)

★

인터넷이 록 스타를 죽였다

2008년 글로벌 금융위기 이후 세계 경제는 과거와 다른 양상을 보였다. 이전까지 3%대의 안정적 성장을 지속해 왔던 미국 등 선진국 경제는 저성장 국면에 진입했고, 각국 중앙은행은 기준금리를 낮춰 경기 둔화에 대응했다. 경기가 나빠지면서 물가 상승률은 억제됐고, 취업이 어려워짐에 따라 실업률이 높아졌다. 저성장·저금리·저물가·고실업률로 흔히 설명되는 새로운 경제 질서를 '뉴 노멀New Normal'이라고 부른다.

뉴 노멀이라는 용어는 정보기술IT 버블이 붕괴된 2003년 이후 미국의 벤처투자가인 로저 맥나미Roger McNamee가 처음 사용했고, 금융위기 당시 채권운용회사 핌코PIMCO의 최고경영자 모하마드 엘 에리언Mohamed A. El-Erian이 저서 『새로운 부의 탄생When Markets Collide』에서 언급한 뒤 널리 사용되고 있다.

21세기 들어 새로운 질서가 나타난 것은 경제만이 아니었다. 대중음악 시장도 과거와는 다른 양상으로 전개됐다. 미국의 힙합과 유럽 중심의 일렉트로닉 댄스 뮤직EDM이 세계적인 인기를 끌었고, 소녀시대, 원더걸스, 싸이, 방탄소년단BTS, 블랙핑크 등 한국 가수들이 세계 시장에 본격 진출하면서 K팝의 시대가 열렸다.

이에 비해 1950년대부터 1990년대까지 대중음악의 한 축을 지탱해 온 록 음악의 인기는 빠르게 식었다.

물론 이전까지도 록은 팝 음악에 비해 대중적인 인기를 끌지는 못했다. 그런 시대는 엘비스 프레슬리와 비틀즈 이후 없었다고 해도 과언이 아니다. 1980년대 최고 스타는 본 조비가 아닌 마이클 잭슨과 마돈나Madonna였고, 1990년대는 너바나보다 브리트니 스피어스Britney Spears나 뉴 키즈 온 더 블록New Kids on the Block이 대세였다. 하지만 20세기에는 적어도 록 음악이 메인 스트림 대접을 받을 수 있었다.

상황이 달라진 것은 밀레니엄 이후다. 2000년대 들어 록 밴드들의 존재감은 확 낮아졌다. 팝 록, 팝 펑크, 포스트-그런지, 뉴 메탈, 메탈코어, 이모코어 등 장르의 세분화는 더 진행된 반면, 이 가운데 메인 스트림 록이 무엇인지, 21세기의 록 음악을 대표하는 밴드는 누구인지 콕 집어 얘기하기는 어렵다. 밀레니엄이 시작된 후 20년 동안 이런 상태가 이어지고 있다. 지금도 대표적인 메탈 밴드로 꼽히는 메탈리카는 데뷔한 지 40년이 되어 온다.

1980년대에는 '비디오가 라디오 스타를 죽였다Video Killed the

Radio Star'고 했던가. 2000년대 이후 록 음악의 인기가 갑자기 시든 것은 인터넷 보급의 영향이 큰 것으로 보인다. '인터넷이 록 스타를 죽였다'고 감히 말해야 할 것 같다. 1950년대 중반 트랜지스터 라디오와 주크박스 같은 기술 발전이 로큰롤의 대중화를 이끌었다면, 밀레니엄 시대의 인터넷 혁명은 록의 몰락을 부추겼다.

실제로 2000년대 초 인터넷의 대중화는 음악을 소비하는 패턴을 완전히 바꿔놓았다. 이전에는 라디오를 통해 음악을 접하고 레코드 가게에서 음반을 구입하는 것이 당연한 절차였지만, 인터넷 시대에는 음반을 구입하지 않고도 음악을 들을 수 있는 방법이 수도 없이 많아졌다. 한 때 유행했던 냅스터Napster 같은 P2Ppeer-to-peer 파일 공유가 금지된 이후에도 음반 판매가 하향곡선을 그리고 있는 것은 이 때문이다. 음반 하나 살 수 있는 돈이면 한 달 동안 음원 스트리밍 서비스를 무제한으로 이용할 수 있고, 유튜브Youtube에서 짧은 광고 한 두 편만 보면 무료로 음악을 들을 수 있는 시대다.

똑같은 환경에서 록 음악이 유독 타격을 입은 것은 장르의 특성 때문이다. 록 음반은 전통적으로 앨범 단위의 감상을 위해 제작된 것이 많다. 싱글 위주의 팝 음악과 달리 앨범 전체의 컨셉트와 완성도를 중요하게 여겨 왔다. 그러나 인터넷 시대에는 앨범 단위의 감상보다 싱글 단위의 접근이 쉽다. 음원 스트리밍 업체들은 자체 차트를 만들어 이 같은 현상을 부추긴다. 싱글 단위의 시장에서 대중성이 비교적 떨어지는 록 음악은 경쟁력이 약할 수밖에 없다. 콜드플레이Coldplay나 마룬 파이브Maroon 5처럼 대중적인 노래를 부르거나 메탈리카나 AC/DC처럼 원래부터 인지도가 높은 밴드가 아닌 이상 살아남기 어려운 환경이다.

2000년대 이후 대중음악에서 록 음악의 자리를 꿰찬 장르는 힙합과 EDM이다. 힙합 가수들은 2000년대 초반부터 대중음악 시장을 점령하기 시작했다. 1990년대까지만 해도 흑인들만의 음악이라는 인식이 강했던 힙합은 점점 입지를 넓히면서 그야말로 대중음악이 됐다. 2017년에는 음반과 음원 판매 측면에서 록의 인기를 넘어선 것으로 공식 집계됐다. 또한 1980년대 말부터 클럽을 중심으로 인기를 끌던 일렉트로닉 음악은 2010년대 들어 EDM이라는 명칭으로 불리면서 젊은 층을 사로잡고 있다.

저조한 음원 판매로 인해 수입이 줄어든 록 밴드들은 콘서트에 공을 들이고 있다. 롤링 스톤즈, 메탈리카, 건즈 앤 로지스 등 유명 밴드의 공연은 여전히 성황이고, 웬만한 팝 가수들이 범접할 수 없는 관객 규모를 자랑한다.

하지만 신종 코로나바이러스 감염증(코로나19)의 전 세계적 확산으로 인해 2020년 2월 이후 대부분의 콘서트가 중단됐다. 로커들의 주요 수입원이 하루아침에 사라진 셈이다. 딥 퍼플, AC/DC, 본 조비 등 유명 밴드들이 새 앨범을 발표했지만, 왕년의 인기를 되찾기엔 역부족이다.

'록은 죽었다Rock is dead'라는 명제가 더는 이상해 보이지 않는, 그야말로 '뉴 노멀'의 시대가 된 것이다.

★

팬데믹 이후 록의 미래는?

코로나19가 확산되면서 가장 큰 피해를 입은 산업 중 하나는 음악이다. 2020년에 열릴 예정이었던 거의 모든 공연이 취소됐고, 이로 인한 금전적 피해는 아티스트는 물론 음악 산업 종사자들 모두의 삶을 위협하고 있다.

팬데믹으로 인해 세계 각국이 사회적 거리두기를 권장하거나 강제하면서 음악을 하는 사람도, 듣는 사람도 달라진 환경에 적응하고 있다.

다만 이 세상에 음악이 존재하는 한 새로운 형태의 록은 다시 등장할 것이고, 그동안 록의 역사가 증명해주듯 팬데믹으로 인한 불경기와 포스트-코로나 시대의 경제 성장은 다시금 특정 록 음악 장르의 부흥으로 이어질지도 모를 일이다. 과거 경기의 부침이 펑크 록, 글램 메탈, 그런지 록의 시대로 이어졌던 것처럼 말이다.

공연이 중단된 반면, 월드 투어 대신 집에 머물게 된 아티스트들이 새 음반을 제작하는 데 열중하는 것은 팬데믹 사태가 음악 업계에 미친 긍정적인 영향이다. 본 조비, AC/DC, 딥 퍼플 등이 2020년에 새 앨범을 들고 돌아왔다. 유튜브에서는 유명 뮤지션들이 각자의 집에서 악기를 연주한 후 하나의 곡으로 편집해 올린 동영상이 인기를 끌고 있다.

다만 코로나19 팬데믹이 당초 예상보다 길어지면서 앞으로의 음악 산업이 어떻게 전개될지 의문이라는 시각도 적지 않다.

이와 관련, 경영 전문지 포브스Forbes는 음악산업 전문 저술가인 바비 오신스키Bobby Owsinski의 글을 통해 코로나19 팬데믹 이후 달라질 음악 산업의 미래를 조망했다.

무엇보다 공연업계의 변화가 점쳐진다. 공연업계는 그동안의 손실을 만회하기 위해 공연에 드는 비용 절감에 나설 것으로 전망된다. 이에 따라 더 작고 덜 정교한 공연이 무대에 오를 것으로 예상된다. 더 많은 관객을 유치하기 위해 티켓 가격도 내려갈 것으로 보인다.

음원 스트리밍 업계 재편 여부도 주목된다. 코로나19 사태로 경기가 나빠지면 수입이 줄어든 사람들은 불필요한 비용을 줄이게 된다. 이로 인해 타이달, 디저 등 소규모 스트리밍 서비스는 타격을 입는 반면, 애플, 구글, 아마존 등은 자금력을 바탕으로 지탱할 여력이 있을 것으로 관측된다. 빅3 업체들은 또한 광고 수입에 의존하는 스포티파이 등 소형 업체들을 사들일 가능성도 있다.

재택근무자가 늘어나면서 출퇴근하고 점심을 먹고 모닝 커피를 마시는 사람들이 줄었다. 이는 음악 감상 습관과 소비 방식의 변화를 의미하기도 한다. 건강과 돈에 대한 우려가 안정되면 퇴근 후 공연장을 찾는 사람들도 늘어날 수 있을 것으로 보인다.

그동안 변화가 더뎠던 라디오도 이번 기회에 혁신할 수 있을지 관심이 모아진다. 출퇴근하는 사람들이 줄면서 차 안에서 라디오를 듣는 사람도 감소했다. 미국에선 일부 지역 라디오 방송국들이 문을 닫고 있다. 이를 계기로 거대한 전국 프로그램 대신 지역 청취자들에게 맞는 프로그램을 제공해야 한다는 목소리도 나온다.

다른 산업과 마찬가지로 오디오 및 악기 제조업체들은 서플라이 체인을 재검토해야 할 수 있다. 해외에서 생산된 제품을 들여오는 일이 번거로워진 만큼 일부 재고를 국내에 쌓아두는 것도 나쁘지 않은 방안이 됐다.

레버리지가 높은 기업들은 이번 위기에서 생존하기 힘들지도 모른다. 음악산업의 대기업들이 헐값에 매물로 나올 가능성도 있다. 다만 이 같은 변화는 위기 종식 이후 음악업계가 더 건강해지는 계기가 될 수 있다며 오신스키는 이렇게 말했다.

“모든 위기에는 기회와 희망이 있다. 우리가 두려워하며 그림자 속에 산다면 코로나 바이러스는 우리를 집어삼킬 것이고, 시련이 우리 스스로와 업계를 더 좋게 만드는 결과로 이어질 것으로 본다면 우리는 결국 더 강해질 것이다. 음악은 여전히 계속될 것이다.”

II

Practice What You Preach

오늘날 대중음악은 하나의 거대한 산업이다. 그 안에 속한 사람들이 행하는 다양한 경제 활동은 경제학 책에서 보았던 여러 가지 이론들이 현실에서 어떻게 적용되고 있는지 보여준다. 이런 관점에서 진행되고 있는 일련의 연구를 '록코노믹스'라고 통칭한다. 우리에게 익숙한 록 밴드들과 뮤지션들의 사례를 통해 경제 이론을 공부한다면, 딱딱한 경제학이 친근하게 느껴질 수 있을 것이다.

★

밥 딜런 성공으로 본 '부의 편중'

지금은 고인이 된 앨런 크루거Alan Krueger 전前 프린스턴 대학교Princeton University 경제학 교수는 2013년 6월 백악관 경제자문위원장에서 물러나기 직전 오하이오주 클리브랜드에 있는 '로큰롤 명예의 전당Rock and Roll Hall of Fame'에 섰다. 그는 뉴저지 동향 출신 뮤지션인 브루스 스프링스틴Bruce Springsteen의 노래 제목 "Land of Hope and Dreams"를 강연 제목으로 정했다. 청중들에게 미국 중산층 재건 필요성을 역설하기 위해서였다.

퇴임을 앞둔 백악관 경제자문위원장이 버락 오바마Barack Obama 행정부의 국정철학에 부합한 연설을 한 것은 사실 큰 뉴스가 아니었다. 미국 언론이 주목한 것은 그가 미국 사회의 골칫거리인 '부富의 편중' 현상을 설명하면서 록 음악 시장을 예로 들었다는 점이었다.

저명한 경제학자이자 자타가 공인하는 록 마니아인 크루거 교수는 연설에서 "음악 시장에 있는 돈의 상당 부분은 소수의 최고 인기 뮤지션들에게 돌아간다"며 "운 좋은 사람들과 재능 있는 사람들은 점점 더 많은 돈을 버는 반면, 대다수의 나머지는 이들을 따라잡기 위해 분투하고 있다"고 지적했다.

일반적으로 경제학자들은 부의 편중 원인으로 기술의 발전과 세계화 등을 꼽는다. 그런데 크루거는 또 하나의 원인으로 '운'을 주목했다. 돈을 많이 버는 슈퍼스타급 뮤지션들과 동등한 재능을 갖고 있으면서도, 단지 운이 없어서 그만한 돈을 못 버는 음악인들이 많다는 설명이다. 크루거는 운이 좋아 슈퍼스타가 된 뮤지션의 대표적인 예로 밥 딜런Bob Dylan을 꼽았다.

밥 딜런이 1965년 "Like a Rolling Stone"을 작곡했을 때 그의 소속사인 컬럼비아 레코드Columbia Records는 음반 발매를 꺼렸다. 노래 길이가 6분 13초에 달해 당시 기준으로 지나치게 길었고, 상대적으로 헤비한 일렉트릭 사운드가 딜런의 기존 이미지와 맞지 않았기 때문이다. 그러나 컬럼비아 레코드가 시간을 끄는 동안 "Like a Rolling Stone" 음원이 유출되는 사건이 발생했다. 젊은이들이 모이는 클럽에서 이 곡이 소개되면서 인기를 끌었고, 영향력 있는 라디오 디스크자키DJ들의 문의가 잇따랐다. 결국 컬럼비아 레코드는 울며 겨자 먹기 식으로 음반 발매를 결정했다.

컬럼비아 레코드의 결정은 뒤늦었지만 옳았다. 이 곡은 발표 직후 빌보드 싱글 차트 2위에 올랐고, 곧바로 전 세계적인 인기로 이어졌다. 대중음악 월간지 롤링 스톤Rolling Stone은 50년이 지난

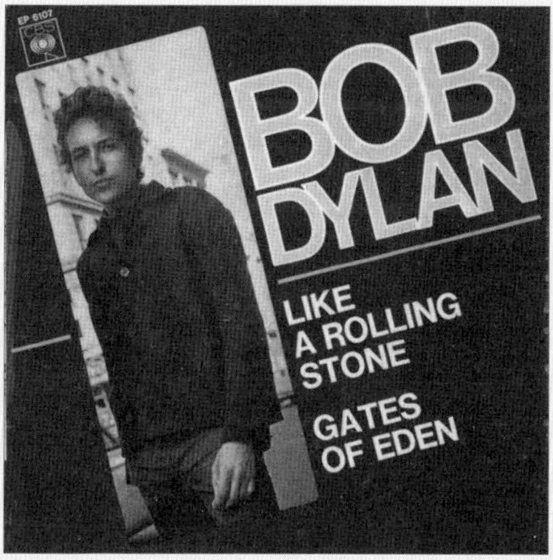

밥 딜런의 'Like a Rolling Stone' 싱글

지금까지도 "Like a Rolling Stone"을 '가장 위대한 노래' 1위로 꼽는다. 또한, 이 곡은 밥 딜런을 일개 인기 포크송 가수에서 전 세계적인 록 스타로 발돋움하게 만들었다는 평가를 받는다.

물론 밥 딜런은 "Like a Rolling Stone"이 발표되기 전부터 충분히 유명한 뮤지션이었다. 하지만 음원이 유출되는 행운이 없었더라면 지금까지 기억되는 명성을 얻지는 못했을지도 모른다. 2016년 노벨문학상을 받는 일도 당연히 없었을 것이다.

밥 딜런은 돈을 벌기 위해 노래를 부른 사람은 아니다. 그는 언젠가 인터뷰에서 "돈이 뭐지요? 아침에 일어나고, 밤에 침대에 들고, 그 중간에 하고 싶은 일을 한다면 성공한 사람이지요"라고 말했을 정도로 돈에 무관심한 사람이다.

그러나 그가 원했든 원치 않았든 밥 딜런의 전 세계적인 인기는 막대한 부로 연결됐고, 부는 부를 낳고 또 낳았다. 이제 할아버지가 된 그의 전성기는 오래 전에 지났지만 이름 값은 여전하다. 미국 경제 전문지 포브스는 그가 공연 활동으로만 연간 최대 1200만 달러의 수입을 올리는 것으로 추정했다. 대부분의 음악인들은 평생 구경하지도 못할 돈이다.

실제로 미국 뮤지션들의 연간 수입을 보면 부의 쏠림 현상이 어느 정도인지 짐작할 수 있다. 음악전문지 빌보드가 2015년에 분석한 자료에 따르면, 비틀즈 멤버들이나 AC/DC, 밥 딜런 같이 역사가 깊은 밴드나 뮤지션은 연간 1400만~5000만 달러를 벌어들인다. 음반 판매나 공연 규모로 볼 때 상위 5위 안에 드는 인기 뮤지션들은 이보다 많은 7000만 달러까지 번다.

반면 세션 뮤지션은 하루 100 달러에서 2500 달러를 벌고, 길거리 공연을 하는 버스커는 하루 100 달러도 못 버는 경우가 많다. 세션 뮤지션이나 버스커는 아예 일이 없는 날이 많기 때문에 연간 수입을 측정하기조차 어렵다. 그러나 과연 이들이 밥 딜런보다 실력이 없을까? 대부분은 그럴지도 모르지만, 일부는 아직 기회를 얻지 못했을 뿐일 수도 있다. 크루거의 논리대로라면 '부의 편중' 현상에 편입될 만한 '운'이 따르지 않은 셈이다.

극소수의 사람들이 대다수의 부를 차지하는 것은 대중음악 시장에 국한된 얘기는 아니다. 부의 편중은 전 세계적으로 심각한 사회 문제가 되고 있다. 2016년 6월 보스턴컨설팅그룹BCG이 발표한 '웰스 리포트Wealth Report'에 따르면 2015년 기준 부동산을 제외한 현금과 금융자산의 합이 100만 달러 이상인 가구는 1850만 가구로 집계됐다. 이들 가구가 보유한 자산은 총 78조8000억 달러에 달한다. 전 세계 인구의 1%가 전체 부의 47%를 차지하고 있는 셈이다. 이 비율은 앞으로 점점 높아질 것이란 게 BCG의 전망이다.

물론 빌 게이츠Bill Gates나 카를로스 슬림Carlos Slim, 워렌 버핏Warren Buffet 같은 억만장자들이 단지 운에 의존해 돈을 번 것은 아니다. 하지만 반대로 생각해보면, 이들과 비슷한 교육을 받고 비슷한 경력을 쌓고 비슷한 실력을 가진 사람들이 모두 많은 돈을 번 것은 아니다. 부의 형성에 어떤 형식으로든 운이 작용했다고 보는 것이 타당하다는 주장은 그래서 나온다.

버락 오바마 전 미국 대통령은 2006년에 출간한 자서전 '담대한 희망The Audacity of Hope'에서 워렌 버핏 버크셔 해서웨이Berkshire Hathaway 회장의 말을 소개한 적이 있다.

"나는 자본을 할당하는 재능을 갖게 됐습니다. 그러나 이런 능력을 사용하는 것은 전적으로 내가 태어난 사회에 달려 있지요. 만약 내가 사냥꾼 부족에서 태어났다면 내가 갖고 있는 능력은 쓸모가 없었을 겁니다. 나는 빨리 뛰지도 못하고, 힘이 특별히 세지도 않아요. 나는 아마 어떤 야생동물의 저녁식사 감으로 생을 마쳤을지도 모릅니다. 나의 재능에 가치를 부여해주고, 나에게 그런 재능을 개발할 수 있는 교육을 제공해주고, 내가 하는 일을 사랑할 수 있는 법률과 금융 시스템이 갖춰진 때와 장소에 내가 태어나 많은 돈을 벌 수 있는 것은 행운입니다."

버핏의 관점에서 보면 밥 딜런도 타고난 운부터 좋았다. "Like a Rolling Stone" 음원이 유출되기 전부터 그는 록 음악이 융성하기 시작한 1960년대 미국이라는 '알맞은 때와 장소'에서 음악을 할 수 있는 운이 있었으니 말이다.

밥 딜런 디스코그래피
Bob Dylan (1962)
The Freewheelin' Bob Dylan (1963)
The Times They Are a-Changin' (1964)
Another Side of Bob Dylan (1964)
Bringing It All Back Home (1965)
Highway 61 Revisited (1965)
Blonde on Blonde (1966)
John Wesley Harding (1967)
Nashville Skyline (1969)
Self Portrait (1970)
New Morning (1970)
Pat Garrett & Billy the Kid (1973)
Dylan (1973)
Planet Waves (1974)
Blood on the Tracks (1975)
The Basement Tapes (1975)
Desire (1976)
Street Legal (1978)

Slow Train Coming (1979)

Saved (1980)

Shot of Love (1981)

Infidels (1983)

Empire Burlesque (1985)

Knocked Out Loaded (1986)

Down in the Groove (1988)

Oh Mercy (1989)

Under the Red Sky (1990)

Good as I Been to You (1992)

World Gone Wrong (1993)

Time Out of Mind (1997)

"Love and Theft" (2001)

Modern Times (2006)

Together Through Life (2009)

Christmas in the Heart (2009)

Tempest (2012)

Shadows in the Night (2015)

Fallen Angels (2016)

Triplicate (2017)

Rough and Rowdy Ways (2020)

★

본 조비 히트곡의 배경이 된 '낙수효과'

낙수효과Trickle-down effect란 고소득층의 소득 증대가 소비 및 투자 확대로 이어져 궁극적으로 저소득층의 소득도 증가하는 현상을 뜻한다. 이 말은 1929년 대공황 당시 미국 유머 작가인 윌 로저스Will Rogers가 허버트 후버Herbert Hoover 대통령의 경제정책을 비꼬면서 "상류층 손에 넘어간 모든 돈이 부디 빈민들에게도 낙수trickle down되기를 고대한다"고 말한 것에서 유래했다. 그로부터 50여 년이 흐른 뒤 1981년 미국 대통령에 당선된 공화당 로널드 레이건Ronald Reagan은 낙수효과를 근간으로 한 경제정책을 펼쳤다. 이른바 '레이거노믹스Reaganomics'다.

레이거노믹스는 정부 지출 축소와 함께 소득세 감세와 기업 규제 완화를 골자로 한다. 이를 통해 레이건 행정부는 민간 투자를 촉진함으로써 미국 경제를 활성화시켰다는 평가를 받는다. 실제로 레이건 대통령 재임 기간인 1981년부터 1989년까지 미국 국내총생산GDP은 연 평균 3.2% 성장했다. 이는 레이건 직전(카터)과 직후(조지 부시) 행정부의 성장률보다 높은 수치다.

본 조비가 1986년 발표한 히트곡 "Livin' On a Prayer"는 이러한 시대적 배경에서 탄생했다. 본 조비의 리더인 존 본 조비Jon Bon Jovi는 지난 2002년 인터뷰에서 "이 곡은 레이건 시대의 경제 낙수효과로부터 영감을 받아 만들었다"고 말한 바 있다.

이 노래의 가사에는 남녀 주인공 토미와 지나가 등장한다. (이 주인공들은 본 조비가 2000년에 발표한 "It's My Life"에도 다시 나온다.) 가사에 따르면 부두에서 일하던 토미는 노동조합의 파업 때문에 월급을 받지 못하고, 지나는 토미를 위해 돈을 벌려고 식당에서 하루종일 일한다. 그러나 이들은 사랑을 위해 힘든 시간을 견딘다. 삶에 지

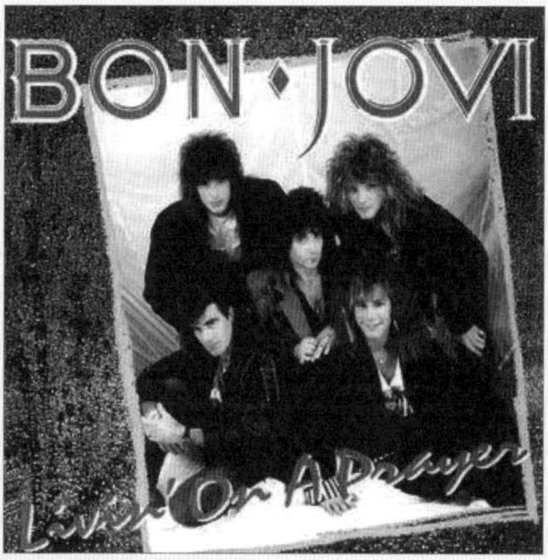

본 조비의 'Livin' On A Prayer' 싱글

친 지나가 밤에 울면 토미는 언젠가 나아질 거라며 위로한다.

주목할 점은 노래 시작 부분에 등장하는 '그렇게 오래되지 않은 옛날에'라는 나레이션이다. 토미와 지나 이야기의 노래가 발표된 시점보다 과거에 있었던 일이라는 의미다. 즉, 레이건 행정부 이전인 민주당 지미 카터 행정부 시절 노동자들이 겪은 경제적 어려움을 반영하고 있다는 해석이 가능하다. 카터 대통령 당시 미국 경제는 급속도로 나빠졌다. 임기의 마지막 해인 1980년에는 인플레이션은 12.4%, 실업률은 7.5%까지 올라갔다.

실제로 이 노래의 가사는 존 본 조비와 데스몬드 차일드Desmond Child가 1970년대에 경험했던 일들을 바탕으로 쓰여졌다고 한다. 존 본 조비는 당시 여자친구가 임신했다는 소식에 야구 선수의 꿈을 접고 돈을 벌기 위해 공장에 취직했다. 뉴욕에서 택시 기사로 일하던 데스몬드 차일드의 여자친구는 식당 웨이트리스였고, 그녀의 별명은 지나였다. 힘든 시기를 사랑의 힘으로 견디며 더 나은 미래를 꿈꿨던 경험이 "Livin' On a Prayer" 가사에 그대로 녹아있는 셈이다.

"Livin' On a Prayer"가 발표된 1986년에는 미국 경제가 다시 성장 궤도에 올라선 상태였다. 낙수효과로 인해 부자뿐 아니라 서민들도 예전보다 나은 삶을 살 수 있게 됐다. 시대를 초월한 노동자들의 희망가로 꼽히는 "Livin' On a Prayer"는 사실상 레이거노믹스에 대한 찬가인 셈이다.

본 조비는 "You Give Love a Bad Name"과 "Livin' On a Prayer"가 빌보드 싱글 차트 1위에 연달아 오르면서 일약 스타덤

에 올랐다. 이들 곡이 수록된 3집 앨범 'Slippery When Wet'은 빌보드 앨범 차트 1위에 8주간 머물렀고, 지금까지 미국에서만 1200만장 넘게 판매되며 본 조비 앨범 가운데 가장 많이 팔린 음반으로 기록됐다. 훗날 민주당의 열렬한 지지자로 유명해진 존 본 조비가 공화당 레이거노믹스의 낙수효과를 제대로 맛보았다는 점은 아이러니하다.

본 조비 디스코그래피
Bon Jovi (1984)
7800° Fahrenheit (1985)
Slippery When Wet (1986)
New Jersey (1988)
Keep the Faith (1992)
These Days (1995)
Crush (2000)
Bounce (2002)
Have a Nice Day (2005)
Lost Highway (2007)
The Circle (2009)
What About Now (2013)
Burning Bridges (2015)
This House Is Not for Sale (2016)
Bon Jovi: 2020 (2020)

척 베리와 '창시자의 저주'

애플Apple 설립자 스티브 잡스Steve Jobs는 오늘날의 '모바일 세상'에서 가장 유명한 인물이지만, 사실 모바일 세상을 가능하게 해준 창시자는 따로 있다. 모토로라Motorola 연구원 시절이던 1973년 최초의 휴대전화 '다이나택DynaTAC'을 처음 개발한 마틴 쿠퍼Martin Cooper 박사다. 그러나 '휴대전화의 아버지'로 불리는 쿠퍼 박사는 잡스에 비해 많은 돈을 벌진 못했다.

이렇듯 '최초'라는 사실이 늘 '부'로 연결되는 것은 아니다. 대중음악계에서도 비슷한 경우가 많다. 지난 2017년 3월 18일에 90세를 일기로 타계한 '로큰롤의 아버지' 척 베리가 대표적이다.

기타리스트이자 싱어송라이터인 척 베리는 로큰롤 음악의 선구자 중 한 명으로 꼽힌다. 그가 발표한 "Maybellene"(1955), "Roll Over Beethoven"(1956), "Rock and Roll Music"(1957), "Johnny B.

Goode"(1958) 등은 로큰롤의 방향을 제시했다는 평가를 받는다. '오리 걸음'으로 유명한 무대 매너는 AC/DC의 앵거스 영Angus Young 등 후배 뮤지션들에 의해 계승됐다.

척 베리는 음악을 관심있게 듣는 사람이라면 누구나 아는 뮤지션이다. 척 베리를 모르더라도 그의 음악은 알 것이다. 로큰롤의 영향을 받은 영국 록 밴드 비틀즈의 존 레논은 "로큰롤에 다른 이름을 지어준다면 그건 아마 척 베리일 것이다"라는 명언을 남기기도 했다. 지난 2000년 빌 클린턴Bill Clinton 당시 미국 대통령은 "20세기 가장 영향력 있는 뮤지션 중 하나"라고 척 베리를 칭송했다.

상복도 많았다. 척 베리는 1984년 그래미 시상식Grammy Awards에서 평생공로상을 수상했고, 1986년 창립된 '로큰롤 명예의 전당'

척 베리

의 첫 헌액자로 선정됐다. 2010년에는 미국 음악 월간지 롤링 스톤이 뽑은 '역대 가장 위대한 예술인 100명' 5위에 이름을 올렸다. 2012년엔 최고의 노래 가사에 주어지는 'PEN 어워드'를 받았다.

그러나 그는 명성에 비해 많은 돈을 벌진 못했다. 엘비스 프레슬리 같은 동료 로큰롤러와 달리 그는 한 번도 부자라는 소리를 들어본 적이 없다.

연예계에서 활동하는 변호사 버니 레스닉Bernie Resnick은 척 베리 사후 경영 전문지 포브스와의 인터뷰에서 "척 베리가 영향을 준 젊은 아티스트들이 그보다 더 인기를 끌었다"고 안타까워했다.

척 베리는 80대의 나이가 돼서도 음악 활동을 계속했다. 미국 세인트루이스 자택 근처 '블루베리 힐 덕 룸Blueberry Hill Duck Room'이라는 공연장에서 대략 한 달에 한 번꼴로 무대에 섰다고 한다. 1회 공연의 평균 매출은 5452 달러였다. 로큰롤의 영향을 받아 탄생한 비틀즈의 폴 매카트니Paul McCartney가 하룻밤 공연에 약 350만 달러를 벌고, 롤링 스톤즈가 그 두 배를 버는 것에 비교하면 턱없이 적은 금액이다.

척 베리의 수입이 유난히 적은 것은 그의 오래된 공연 습관 때문이라는 해석도 있다. 그는 밴드를 대동하지 않고 혼자 기타 하나만 메고 순회공연을 한 것으로 유명하다. 공연을 할 도시에 도착해서 수소문을 통해 밴드 멤버를 구성하는 식이었다. 그러다 보니 공연의 질이 들쑥날쑥하기 일쑤였다. 팬들은 실망했고,

그의 무대는 점점 작아졌다.

각종 송사도 그의 재산 증식을 방해했다. 척 베리는 1959년 매춘 목적으로 14살 소녀를 주 경계를 넘어 데려갔다는 혐의로 20개월 감옥 생활을 했다. 1979년에는 세금을 회피한 혐의로 4개월 동안 다시 감옥에 갇혔다. 1990년에는 '화장실 몰카' 동영상이 집에서 발견돼 집단 소송을 한 피해자들에게 120만 달러를 냈다.

인기 있는 음악 장르의 선구자가 돈을 벌지 못한 경우는 종종 있다. 힙합계의 디제이 쿨DJ Kool이나 하우스 뮤직의 프랭키 너클스Frankie Knuckles도 후배 뮤지션들이 거머쥔 부를 얻지 못했다. 포브스는 이같은 현상을 '창시자의 저주Curse of the Founders'라고 이름붙였다.

다만 척 베리의 사망 소식이 전해진 직후 그의 음원 매출은 급격히 늘어났다고 한다. 버즈 앵글 뮤직BuzzAngle Music에 따르면 그가 발표한 39개 앨범의 앨범 판매는 사망 당일 2054장, 다음날 3808장을 기록하며 사망 전보다 9581% 증가했다. 곡 단위 판매량은 1만1684% 늘어난 1만6616곡을 기록했다. 하지만 이는 그 전까지 음원 매출이 거의 없었다는 뜻이기도 하다. '로큰롤의 아버지'의 죽음이 유독 안타깝게 느껴지는 이유다.

척 베리 디스코그래피
After School Session (1957)
One Dozen Berrys (1958)
Chuck Berry Is on Top (1959)
Rockin' at the Hops (1960)
New Juke Box Hits (1961)
Two Great Guitars (1964)
St. Louis to Liverpool (1964)
Chuck Berry in London (1965)
Fresh Berry's (1965)
Chuck Berry's Golden Hits (1967)
Chuck Berry in Memphis (1967)
From St. Louie to Frisco (1968)
Concerto in B. Goode (1969)
Back Home (1970)
San Francisco Dues (1971)
The London Chuck Berry Sessions (1972)
Bio (1973)
Chuck Berry (1975)
Rock It (1979)
Chuck (2017)

★

브루스 스프링스틴이 분노한 '매몰비용'

브루스 스프링스틴이 1975년에 발표한 세 번째 앨범 'Born to Run'은 대대적인 성공을 거뒀다. 발매 직후 빌보드 앨범 차트 3위에 올랐고, 미국에서만 총 600만장이 판매됐다. 타이틀곡 "Born to Run"은 스프링스틴을 일약 스타덤에 올려놓았고, "Thunder Road", "She's the One", "Jungleland" 등은 이후 스프링스틴 공연의 단골 레퍼토리가 됐다.

그러나 브루스 스프링스틴의 인기가 올라가도 그의 수입은 시원치 않았다. 그의 프로듀서이자 매니저인 마이크 어펠Mike Appel과 1972년에 맺은 계약 때문이었다. 통상 아티스트와 프로듀서는 몇 년 동안 몇 장의 음반을 낸다는 식의 조건으로 계약을 맺는다. 무명 뮤지션은 이 과정에서 불리한 조건을 수용할 수밖에 없는 경우가 대부분이다. 자신의 음악을 널리 들려주고 싶은 마음이 굴뚝같다 보니 돈벌이는 안중에 없는 뮤지션들도 많다.

브루스 스프링스틴도 마찬가지였다. 당시 스프링스틴이 가져간 돈은 어펠의 10분의 1도 안 됐던 것으로 알려졌다. 그는 어느 순간 이런 계약이 불공정하다고 느꼈다. 앨범이 많이 팔리고 공연 활동이 증가한 만큼 '공정한 몫'을 요구했다.

문제는 데뷔 때 작성한 계약서였다. 두 사람의 계약은 5년간 유효했으므로 어펠은 스프링스틴의 요구를 들어주지 못한다고 맞섰다. 결국 1976년 7월 스프링스틴은 어펠을 상대로 소송을 제기했고, 이들은 10개월간 법정 공방을 벌였다.

브루스 스프링스틴과 마이크 어펠처럼 데뷔 당시의 계약서 한 장 때문에 분쟁이 일어나는 일은 음악 업계에서 흔한 일이다. 한국에서도 대형 연예매니지먼트 회사들의 불공정한 계약 조항 논

브루스 스프링스틴의 'Born to Run'

란은 종종 불거진다.

불공정하게 느껴지더라도, 계약은 계약이다. 한 번 서명한 내용은 웬만해선 다시 되돌리기 어렵다. 뮤지션 입장에선 꿈에 그리던 데뷔를 위해 지불한 비용인 셈이다. 이것을 경제학 용어로 '매몰비용sunk cost'이라고 한다.

경제학자 앨런 크루거는 스프링스틴과 어펠의 사례를 들면서 "사람들은 공정하게 대접받기를 원하기 때문에 매몰비용이 종종 문제가 된다"며 "하지만 계약서는 파기하거나 수정하기가 힘들다"고 설명했다.

매몰비용은 돌이킬 수 없는데도, 사람들은 자주 '매몰비용의 오류sunk cost fallacy'에 빠진다. 매몰비용을 포기하고 새로운 기회를 찾아야 하는데, 회수할 수 없는 비용에 집착하는 것이다. 스프링스틴 역시 불공정한 계약을 매몰비용으로 생각하고 향후 더 나은 조건의 계약서를 새로 작성하면 간단한 문제였다.

매몰비용의 오류를 설명할 때 자주 등장하는 사례는 콩코드Concord 여객기다. 프랑스와 영국이 1969년 합작 투자해 개발한 콩코드는 기존 보잉Boeing 여객기보다 2배 이상 빨랐다. 하지만 높은 생산비 때문에 전망이 밝지 못했다. 그런데도 영국과 프랑스는 투자를 계속하며 총 190억 달러를 쏟아붓고서야 2003년 결국 운행을 중단했다.

브루스 스프링스틴 디스코그래피
Greetings from Asbury Park, N.J. (1973)
The Wild, the Innocent & the E Street Shuffle (1973)
Born to Run (1975)
Darkness on the Edge of Town (1978)
The River (1980)
Nebraska (1982)
Born in the U.S.A. (1984)
Live 1975-85 (1986)
Tunnel of Love (1987)
Human Touch (1992)
Lucky Town (1992)
The Ghost of Tom Joad (1995)
The Rising (2002)
Devils & Dust (2005)
We Shall Overcome: The Seeger Sessions (2006)
Magic (2007)
Working on a Dream (2009)
Wrecking Ball (2012)
High Hopes (2014)
Western Stars (2019)

★

고어 부인이 불러온 '메기 효과'

영국의 역사학자 아놀드 토인비Arnold Toynbee는 "좋은 환경보다 가혹한 환경이 문명을 낳고 인류를 발전시키는 원동력이었다"는 유명한 말을 남겼다. 그의 이론을 잘 설명해주는 것이 바로 '메기 효과Catfish Effect'다. 미꾸라지를 장거리 운송할 때 수족관에 천적인 메기 한 마리를 넣으면 미꾸라지들이 메기를 피해 다니느라 생기를 얻어 죽지 않는 현상을 뜻한다. 회사에서는 인사평가와 같은 자극제가 조직원들의 능력을 끌어올리고, 시장에서는 강력한 브랜드가 나머지 제품의 경쟁력 제고로 이어지곤 한다.

1980년대 미국 록 음악계에도 한 마리의 '메기'가 등장했다. 메리 엘리자베스 '티퍼' 고어Mary Elizabeth 'Tipper' Gore였다. 그녀는 훗날 미국 부통령을 지낸 정치인 앨 고어Al Gore의 부인으로 유명해졌지만, 당시에는 록 음악을 탄압하고 규제하는 PMRCParents Music

Resource Center의 설립자로 악명을 떨쳤다.

1985년 티퍼 고어는 당시 11살이던 딸과 함께 프린스Prince의 'Purple Rain' 앨범을 듣다가 수록곡 "Darling Nikki"의 가사를 듣고 충격을 받아 PMRC를 설립했다. 자위행위를 묘사하는 성적인 가사가 담긴 노래를 어린 아이들이 아무런 제재 없이 듣는 것에 분노를 느꼈다고 한다. 수전 베이커(제임스 베이커 당시 미국 재무장관의 부인), 팸 호워(부동산개발업자 레이먼드 호워의 부인), 샐리 네이비어스(존 네이비어스 전 워싱턴시의회 의장의 부인) 등 이른바 '워싱턴 부인들Washington Wives'이 동참했다.

PMRC는 단체 설립과 함께 '추잡한 곡 15선Filthy Fifteen'을 발표했다. 이 리스트에는 주다스 프리스트, 머틀리 크루, AC/DC, 트위스티드 시스터Twisted Sister 등 헤비메탈 밴드의 곡은 물론 마돈나, 신디 로퍼Cindy Lauper 등 대중 가수들의 인기곡이 포함됐다. PMRC 설립의 단초를 제공한 프린스의 노래가 리스트 맨 위에 올랐다.

PMRC는 음반사들이 문제의 소지가 있는 음반에 자발적으로 'Parental Advisory: Explicit Content(부모의 주의 권고: 노골적 가사)' 스티커를 부착함으로써 소비자들이 음반의 내용을 인식할 수 있어야 한다고 주장했다. 티퍼 고어는 "음악에 재갈을 물리는 목적이 아니다"라고 설명했지만, 뮤지션들은 이 경고 스티커가 미국 수정헌법 제1조에 보장된 언론·출판의 자유를 규제하는 검열 제도라며 반발했다.

당시 이 문제를 논의하기 위해 미국 상원이 개최한 청문회에서는 '워싱턴 부인들'과 뮤지션들이 치열한 언쟁을 벌였다. 청문회

1985년 9월 19일에 열린 PMRC 청문회에 참석한 티퍼 고어(왼쪽)와 수전 베이커.
(출처: Lana Harris/AP)

에 출석한 헤비메탈 밴드 트위스티드 시스터의 보컬리스트 디 스나이더Dee Snider는 자신들의 곡 "Under the Blade"가 사도마조히즘SM에 대한 노래라는 PMRC의 지적에 대해 "이 노래는 임박한 수술에 대한 곡"이라며 "고어 부인의 머릿속에 SM과 본디지와 강간이 있으니까 그렇게 들리는 것"이라고 비꼬았다.

당시 미국은 공화당 로널드 레이건 행정부가 집권하던 때였다. 경제적으로 신자유주의 기조가 대두됐고, 정치적으로 반공과 안보가 중시됐으며, 사회적으로는 전통과 도덕이 강조되던 때였다. 여론은 뮤지션들보다 PMRC 편으로 기울었다. 결국 전미음반산업협회RIAA는 청문회가 한창 진행 중이던 1985년 11월1일 경고 스티커 도입을 결정했다.

경고 스티커는 주로 폭력이나 섹스를 묘사하는 언어가 포함된 음반에 부착됐지만, 프랭크 자파Frank Zappa의 앨범 'Jazz from

섹스나 폭력을 다룬 음반에 대해 주의를 권고하는 스티커

Hell'은 가사가 없는 연주곡으로만 구성된 음반인데도 이 스티커를 붙여야 했다. 앨범 제목에 '지옥'이 들어가고 수록곡 제목 "G-Spot Tornado"의 '지스팟'이 여성 성기의 한 부분을 지칭한다는 이유에서였다.

RIAA의 경고 스티커 부착 결정으로 PMRC는 소기의 목적을 달성했다. 월마트Walmart 등 유통업체와 다수의 레코드 가게들이 이 스티커가 붙은 음반을 팔지 않기로 했고, 일부 매장에서는 해당 음반을 성인에게만 판매했다.

하지만 이로 인해 미성년자들이 유해 콘텐츠가 담긴 음반으로부터 자유로워졌는지는 불분명하다는 의견이 많다. 대니 골드버그Danny Goldberg 골드이브 엔터테인먼트GoldEv Entertainment 대표는 2010년 한 인터뷰에서 "인터넷 시대 이전에도 아이들은 원하는 것을 구할 수 있었다"고 말했다.

심지어 일각에선 '금단의 열매 효과'로 인해 스티커 부착 음반이 더 많이 팔렸을 것으로 보고 있다. 머틀리 크루의 보컬리스트 빈스 니일Vince Neil은 "그 경고 스티커를 붙이면 앨범 판매가 치솟았다"고 말했다. 일부 청소년들 사이에선 경고 스티커 부착 음반을 듣는 것을 자랑스럽게 여기는 풍조도 생겼다.

경고 스티커가 음반 매출에 어떤 영향을 미쳤는지에 대한 정확한 통계는 없다. 다만 이 사태 이후 록 음악은 1980년대 말과 1990년대 초를 거치며 오히려 전성기를 맞았다는 점은 분명하다. 단지 밴드 수만 늘어난 것이 아니라 음악적 완성도가 높은 작품들이 쏟아져 나왔다. 지금까지도 명반으로 꼽히는 록 앨범 상당수가 'Parental Advisory' 스티커를 부착한 채 발매됐다. 베트남 전쟁 종료 이후 특별히 '저항'할 대상을 찾지 못하던 뮤지션들이 티퍼 고어라는 '메기'의 등장으로 인해 생명력을 키운 것은 아닐까?

PMRC가 선정한 'Filthy Fifteen'과 선정 사유
Prince "Darling Nikki" (섹스/자위행위)
Sheena Easton "Sugar Walls" (섹스)
Judas Priest "Eat Me Alive" (섹스/폭력)
Vanity "Strap On 'Robbie Baby'" (섹스)
Mötley Crüe "Bastard" (폭력/욕설)
AC/DC "Let Me Put My Love Into You" (섹스)
Twisted Sister "We're Not Gonna Take It" (폭력)
Madonna "Dress You Up" (섹스)
W.A.S.P. "Animal (Fuck Like a Beast)" (섹스/욕설/폭력)

Def Leppard "High 'n' Dry (Saturday Night)" (마약/음주)
Mercyful Fate "Into the Coven" (오컬트)
Black Sabbath "Trashed" (마약/음주)
Mary Jane Girls "In My House" (섹스)
Venom "Possessed" (오컬트)
Cyndi Lauper "She Bop" (섹스/자위행위)

테일러 스위프트의 '프레너미'

'프레너미frenemy 또는 frienemy'라는 말이 있다. '친구friend'와 '적enemy'의 합성어다. 서로 협력하면서 다른 한편으로는 경쟁하는 관계를 뜻한다. 직장에서 친구처럼 친하게 지내면서도 인사고과를 놓고 경쟁하는 사이는 흔하다. 기업 간 관계에서도 마찬가지다. 삼성전자와 구글Google이 대표적이다. 삼성전자는 구글의 안드로이드Android 운영체제OS 기반 스마트폰을 만들어 애플에 공동 대응하면서도, 자체 OS인 타이젠Tizen을 개발해 구글을 견제하고 있다. 비록 시장점유율은 낮지만, 구글 역시 자체 스마트폰을 만들어 삼성전자와 경쟁하고 있다.

음반 업계와 음원 스트리밍 서비스 업계도 프레너미로 정의할 수 있다. 스트리밍 서비스의 확산이 컴팩트 디스크CD나 롱 플레잉 레코드LP 같은 실물 음반 판매 감소로 이어진 것은 분명하다. 그래서 적대적 관계로 인식하기 쉽다. 그러나 서로의 필요로 인해 협력하는 것도 사실이다. 스트리밍 서비스를 하려면 음반사가 제공하는 음원에 의존할 수밖에 없고, 음반사는 스트리밍을 통해 아티스트를 알리고 매출도 올릴 수 있다.

물론, 음반 업계와 뮤지션들이 처음부터 스트리밍 서비스에 호의적이었던 것은 아니다. 미국 팝 스타 테일러 스위프트Taylor Swift는 지난 2014년 "음악을 만든 창작자, 가수, 작사·작곡가, 프로듀서에게 정당한 보상을 하지 않는 실험에 내 삶을 바친 작품을 제공하고 싶지 않다"며 1위 스트리밍 업체인 스포티파이Spotify에서 음악 서비스를 중단했다. 스포티파이는 다른 업체들과 달리 약간의 광고만 들으면 무료로 음악을 들을 수 있게 해준다. 스위프트는 "음악엔 가치가 없고 음악이 무료가 돼야 한다는 인식을

테일러 스위프트의 '1989'

전파하는 것에 동의할 수 없다"고 강조했다.

당시 수년째 계속된 음반 판매 감소로 어려움을 겪던 많은 뮤지션들과 음반사들이 테일러 스위프트를 지지했다. 특히 스위프트가 스포티파이 음원 제공을 중단한 직후 그녀의 앨범 '1989' 실물 음반은 3주 연속 100만 장씩 팔리는 전무후무한 기록을 세웠다.

그러나 테일러 스위프트는 2017년부터 스포티파이에 음원 제공을 재개했다. 두 당사자 간에 어떤 조건의 계약이 이뤄졌는지는 알려지지 않았다. 스포티파이의 대니얼 에크Daniel Ek 최고경영자CEO가 스위프트를 만나기 위해 수 차례 내시빌에 다녀왔다는 얘기만 전해질 뿐이다. 다만 스위프트가 '실험'이라고 말했던 스트리밍 서비스는 음악을 소비하는 방식의 대세로 자리잡았다. 이는 결국 스위프트가 스포티파이를 프레너미로 받아들이는 계기가 됐을 것으로 보인다.

실제로 전 세계 음반 업계 매출은 2014년 134억 달러에서 2018년 181억 달러로 증가했는데, 국제음반산업협회IFPI는 이같은 성장이 스트리밍 서비스 덕분이라고 분석했다. 협회에 따르면 유료 및 광고 기반 음원 스트리밍은 전 세계 음반 업계 매출의 절반에 달한다. 실물 음반 매출이 차지하는 비중은 25%이며, 나머지는 공연 권리 등을 통해 발생한다. 데이터 분석 업체 알파델타Alpha Delta는 실물 음반 판매 감소에도 불구하고, 스트리밍 증가 덕분에 실물과 디지털을 합친 앨범 소비는 전년 대비 13.5% 증가한 7억9590만 건, 곡 소비는 21.1% 늘어난 70억 건을 각각 기록했다고 집계했다. 스트리밍은 앨범 소비의 84.6%를 차지했다.

스트리밍 서비스 업체들도 음반사들과의 제휴에 힘입어 고속 성장하고 있다. 알파델타에 따르면 2019년 미국 내 음원 스트리밍은 사상 최초로 1조 건을 돌파했다. 시장조사업체 카운터포인트Counterpoint는 2019년 온라인 음원 스트리밍 시장이 전년 대비 20% 이상 성장하며 240억 달러의 매출을 기록했을 것으로 추정했다.

다만 두 업계가 프레너미에서 적으로 돌아설 불씨는 남아 있다. 양쪽 모두 현재의 공생 구조에 불만을 갖고 있기 때문이다. 음반사들은 1곡 스트리밍될 때마다 0.3~0.8센트에 불과한 음원 제공 대가가 낮다는 입장인 반면, 스트리밍 업체들은 매출의 상당 부분을 아티스트, 음반사, 배급사 등에 지급해 남는 게 없다고 주장하고 있다.

★

빅밴드 사라진 이유는 '보몰의 비용질병'

베토벤Ludwig van Beethoven의 곡을 연주하는 현악 4중주단은 지금이나 200년 전이나 똑같은 시간 동안 똑같은 연주를 한다. 그러나 연주자의 임금은 19세기에 멈춰 있지 않고 매년 오른다. 노동생산성이 정체돼 있는데도 임금은 상승하는 것이다. 이는 임금이 노동생산성과 비례한다는 일반적인 경제학의 설명과 배치된다.

경제학자 윌리엄 보몰William Baumol과 윌리엄 보웬William Bowen은 1966년 출간한 『공연예술의 경제적 딜레마Performing Arts : The Economic Dilemma』에서 현악 4중주단의 예를 들어 생산성이 낮더라도 임금이 오를 수 있다고 설명했다. 이 경제학 이론은 '보몰의 비용질병Baumol's cost disease'이라고 부른다.

보몰과 보웬이 18세기와 20세기 런던 극장의 연극 공연 비용을 시즌별로 비교한 결과, 이 기간 영국의 물가가 6.2배 상승

보몰과 보웬이 집필한 『공연예술의 경제적 딜레마』

한 것에 비해 공연 제작 비용은 13.6배 증가한 것을 발견했다. 음악 공연도 마찬가지였다. 미국 뉴욕 필하모닉 오케스트라New York Philharmonic Orchestra의 1843년과 1964년 제작 비용을 비교해보니, 120년 사이 물가는 4배 상승한 반면 콘서트 비용은 20배나 증가했다.

보몰의 비용질병 이론은 대중음악에도 적용된다. 경제학자 래리 드보어Larry DeBoer는 1985년 논문 〈로큰롤은 보몰의 비용질병 증상인가Is Rock'n'Roll a Symptom of Baumol's Disease?〉에서 "1930~1940년대 빅밴드의 인기가 1950년대 들어 로큰롤로 옮겨간 것은 보몰의 비용질병이 한 원인이 됐다"며 "음반사들은 비용 압박에 대응하기 위해 로큰롤에 집중했다"고 설명했다.

멀리 거슬러 올라갈 것도 없다. 1970년대까지만 해도 록 밴드 중심이었던 대중음악이 1980년대 이후 마이클 잭슨, 마돈나, 휘트니 휴스턴Whitney Houston 등 솔로 가수 중심으로 변한 것도 비용 절감이 한 원인이 됐다는 해석도 있다.

아티스트의 생산성이 그대로인 반면 비용만 증가하는 산업 구조는 결국 콘서트 티켓 가격의 급격한 상승으로 이어졌다.

메리 코놀리Marie Connolly와 앨런 크루거는 2005년 저서 『록코노믹스: 대중음악의 경제학Rockonomics: The Economics of Popular Music』에서 "대중음악 공연을 하려면 20년 전이나 지금이나 똑같은 시간과 똑같은 인력이 필요하다"며 "전반적인 물가 상승률에 비해 라이브 엔터테인먼트 이벤트 가격이 빠르게 상승한 것은 보몰의 비용 질병 이론으로 설명할 수 있다"고 분석했다.

한편 보몰의 비용질병 이론은 정부가 공연예술단체에 보조금을 지원해야 한다는 주장의 근거로 종종 사용된다. 그러나 지원금은 클래식 등 이른바 '하이 컬처'에 집중돼 있다. 비용질병은 고전음악이나 대중음악이나 동일하게 나타나는 현상인데도, 지원금은 한 곳에 쏠리고 있는 셈이다. 홍대 인근 클럽에서 활동하는 헤비메탈 밴드가 정부 보조금을 받아 공연을 한다는 얘기는 거의 들어본 적이 없다.

★

스타디움이 만들어낸 '규모의 경제'

뉴욕 맨해튼에 위치한 매디슨 스퀘어 가든Madison Square Garden·MSG은 아이스하키NHL와 농구NBA 경기가 열리는 대형 스타디움이다. 약 2만명을 수용할 수 있는 이곳은 세계 최정상 뮤지션들의 공연장으로도 유명하다.

엘비스 프레슬리는 1972년 처음이자 마지막 뉴욕 공연을 MSG에서 했다. 레드 제플린(1973년), 키스Kiss(1977년) 등이 이곳에서 역사적인 콘서트를 가졌다. 1980년 괴한의 총에 맞아 사망한 비틀즈의 존 레논이 마지막으로 오른 무대도 이곳이었다.

영국 출신 엘튼 존Elton John은 지난 2007년 환갑 기념 공연을 MSG에서 열었다. 당시 그는 "매디슨 스퀘어 가든은 내가 세상에서 가장 좋아하는 공연장"이라며 "나의 60번째 생일 공연 장소로 MSG를 선택한 것은 이곳에서 공연을 하면서 갖게 된 놀라

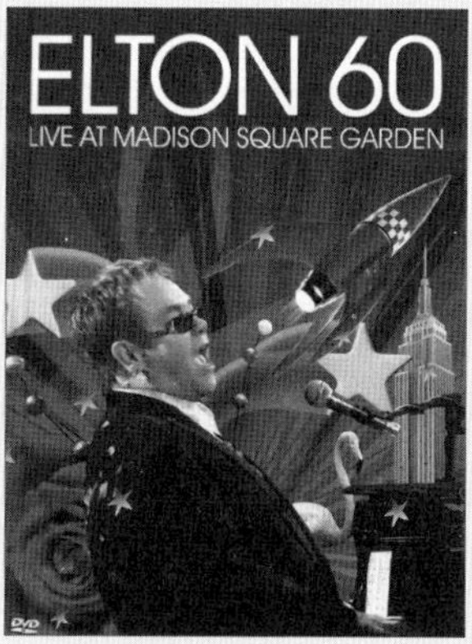

2007년 매디슨 스퀘어 가든에서 열린 엘튼 존 환갑 기념 공연 실황을 담은 'Elton 60'.

운 추억들 때문"이라고 말했다.

뉴요커인 빌리 조엘Billy Joel은 "매디슨 스퀘어 가든은 우주의 중심"이라는 표현으로 뉴욕 최대 공연장에 대한 자부심을 나타냈다. 그는 "MSG는 최고의 음향, 최고의 관객, 최고의 명성, 그리고 위대한 아티스트들이 공연을 한 최고의 역사를 갖고 있다"고 평가했다.

1968년 MSG가 완공되기 전에는 아무리 티켓 파워가 있는 뮤지션들이라도 뉴욕 시내에서 대형 공연을 할 장소가 마땅치 않았다. 뉴욕뿐 아니라 L.A. 등 다른 대도시들도 사정은 마찬가지였다. 이른바 '아레나 록'으로 불리는 대형 공연이 가능해진 것은 1960년대 이후 프로 스포츠 경기의 인기와 함께 대형 경기장이 속속 세워진 덕분이다. 뉴욕에 MSG가 만들어지기 직전 1967

년 캘리포니아 잉글우드에는 더 포럼The Forum이 문을 열었다. 이곳에서는 1968년 크림Cream이 딥 퍼플과 함께 첫 공연을 한 데 이어 도어스The Doors, 지미 헨드릭스, 롤링 스톤즈, 제퍼슨 에어플레인 등의 공연이 이어졌다.

이렇게 시작된 스타디움 공연은 록 음악에 '규모의 경제economies of scale'를 불러왔다. 규모의 경제란 생산 주체가 생산 요소의 투입량을 증가시킴으로써 이익이 증가되는 현상을 뜻한다. 최근에는 대량 생산의 이익, 시장 참여자 수 증가에 따른 이익, 대규모 경영에 따른 관리비 절감의 이이 등을 포괄하는 일반적인 의미로 쓰인다.

실제로 공연 티켓 가격이 평균 5달러였던 1960년대 말 인기 밴드들은 클럽에서 공연을 하면 하루 750~1000달러, 중형 공연장에선 5000~1만 달러를 벌었다. 하지만 스타디움에서 공연을 하면서 수입은 하룻밤 7만5000~10만 달러로 치솟았다. 록 스타들이 스포츠 업계에 큰 빚을 지고 있다는 말은 그래서 나온다.

물론 때마침 인기를 끌기 시작한 록 음악이 스포츠 경기장 운영에 도움을 준 것도 사실이다. 공연 수입의 상당 부분은 경기장을 빌린 대가로 지불되기 때문이다. 운동 경기가 열리지 않는 날 콘서트를 유치해 연중무휴로 운영할 수 있다는 점은 경기장 운영업체 입장에서도 이익이다. MSG의 경우 전체 매출액 가운데 콘서트 등 엔터테인먼트 부문이 차지하는 비중이 스포츠 부문의 약 2배인 것으로 알려졌다.

★

음악이 우리에게 주는 '가치의 역설'

출근길 지하철에서 만나는 사람들은 하나같이 이어폰을 귀에 꽂고 있다. 영화를 보거나 게임을 하는 사람도 있지만, 대다수는 음악을 듣는다고 한다. 힘들고 짜증나는 출근길에 음악을 들으며 스트레스를 해소하는 것이다. 실제로 음악 감상은 우울감을 감소시켜주고 행복지수를 높여주는 기능을 한다. 그래서 사람들은 하기 싫은 공부를 하거나 힘든 운동을 할 때도 음악을 듣는다.

이렇게 음악이 우리 삶의 질을 높여주는 것에 비해 우리가 음악을 듣는 데 쓰는 비용은 상대적으로 낮다. 음원 스트리밍 업체들은 월 몇천 원이면 무제한으로 음악을 들을 수 있게 해준다. 커피 한두 잔 값이다.

음악을 듣는 비용이 이렇게 낮아진 것은 스마트폰의 등장으로 인해 음원 스트리밍 서비스가 나타난 이후다. 만약 인기 차트

100위에 있는 곡을 모두 CD로 구입해 들어야 한다면 월 100만 원으로도 부족했을 것이다.

버락 오바마 행정부에서 백악관 경제자문위원회 위원장을 지낸 고故 앨런 크루거 전 프린스턴 대학교 교수는 저서 『록코노믹스Rockonomics: What the Music Industry Can Teach Us About Economics』에서 "음악은 인류 사회에서 가장 할인된 재화이며 매일 더 저렴해지고 있다"고 설명했다.

크루거 교수의 연구에 따르면 지난 2017년 전 세계 인구가 음악에 소비한 돈은 500억 달러다. 모든 국가의 국내총생산GDP을 합친 것의 0.06%다. 영화, 드라마 등을 포함한 전체 엔터테인먼트 소비에서 음악이 차지하는 비중은 2%에 그친다.

크루거는 음악 감상이 경제학 이론인 '가치의 역설paradox of value'을 잘 설명해준다고 주장했다. 월 몇천 원의 무제한 음악 감상이 우리 삶의 질을 높여주는 것처럼, 소비자가 재화나 서비스로부터 얻는 가치는 총지출과 상관이 없다는 얘기다.

가치의 역설은 '근대 경제학의 아버지'로 불리는 애덤 스미스Adam Smith가 『국부론The wealth of Nations』(1776)에서 제기한 의문에서 비롯됐다. 애덤 스미스는 물은 인간 생활에 없어서는 안 되는 유용한 재화인데도 값이 아주 싸고, 다이아몬드는 전혀 없어도 생활할 수 있는데 아주 비싼 값인 것은 무슨 이유 때문인가 물었다. 이러한 이율배반적 현상은 '스미스의 역설Smith's paradox'이라고도 부른다.

애덤 스미스의 의문은 1870년대 들어 한계효용학파에 의해 해결됐다. 한계효용학파는 스미스 등 고전학파의 방법론과는 달리 한계효용 개념에 기초해 경제이론을 전개한 사람들이다. 이들은 상품의 가격이 그 상품이 제공하는 총효용에 의해 결정되는 것이 아니라 한계효용에 의해 결정된다고 설명했다.

경제학에서 '효용'이란 인간의 욕망을 만족시킬 수 있는 재화의 효능을 뜻한다. '한계효용'은 일정한 종류의 재화가 잇따라 소비될 때 최후의 한 단위의 재화로부터 얻어지는 심리적 만족도다.

여기에 비춰보면, 물은 총효용은 높지만 공급량이 많기 때문에 한계효용이 낮아 가격이 낮고, 다이아몬드는 공급량이 적어 희소가치가 있기 때문에 한계효용이 높아 가격 또한 높다는 설명이 가능하다.

그러나 음악 감상은 한계효용으로 설명되지 않는다. 한계효용은 소비량이 증가함에 따라 감소해가는 경향을 보이는데, 매일 똑같은 음악만 반복해서 듣는 사람은 드물기 때문이다. 유행가 한 곡만 놓고 보면 '한계효용 체감의 법칙'이 적용될 수 있겠지만, 음악 전체를 생각해 보면 '가치의 역설'은 여전히 풀리지 않은 셈이다.

III

Runnin' with the Devil

대중음악이 거대한 산업이라면, 그 속에서 활동하는 아티스트들은 각각의 사업체라고 볼 수 있다. 록 음악의 역사 속에서 수많은 뮤지션들이 남긴 발자취는 경영학 관점에서 많은 시사점을 준다. 비슷한 제품을 만들면서도 성공하는 기업이 따로 있는 것처럼 록 밴드의 인기를 좌우하는 것은 실력만이 아니다. 하루에도 수없이 많은 음반이 발매되는 시장 속에서 뮤지션들이 성공을 위해 어떤 경영 전략을 펼쳐 왔는지 들어보자.

★

지속 가능한 경영을 위한 다섯 가지 원칙

1960년대 '브리티시 인베이전'을 이끈 밴드는 비틀즈와 롤링 스톤즈였다. 다만 비틀즈가 1962년부터 1970년까지 짧은 역사를 남기고 단명한 반면, 1964년 데뷔한 롤링 스톤즈는 반세기가 지난 2020년에도 활동 중이다.

롤링 스톤즈의 현재 멤버인 믹 재거Mick Jagger(보컬), 키이스 리처즈Keith Richards(기타), 찰리 와츠Charlie Watts(드럼), 로니 우드Ronnie Wood(기타)의 평균 연령은 2020년 기준으로 76세다. 하지만 이들은 여전히 순회공연을 할 정도로 건재하며, 하룻밤 공연에 1000만 달러를 벌어들일 만큼의 인기를 끌고 있다. 롤링 스톤즈는 2017년부터 12개 도시에서 진행한 '노 필터No Filter' 투어를 통해 총 1억 2000만 달러의 매출을 올렸다. 공연당 평균 매출은 유투U2 보다 100만 달러가량 많았고, 콜드플레이의 2배를 넘어섰다.

롤링 스톤즈는 하나의 사업체나 다름없다. 밴드 멤버들은 기업의 임원처럼 공연, 레코딩, 퍼블리싱, 스폰서십 등 분야를 각각 전담하고 있다. 매니저와 운전기사는 물론 회계사와 변호사도 고용하고 있다. 심지어 세금을 회피하기 위해 네덜란드에 법인을 세우기도 했다. '두꺼운 입술 사이로 혀를 내민' 로고는 맥도날드나 애플의 로고만큼이나 유명하다.

롤링 스톤즈가 반백년 이상 탄탄한 브랜드 파워를 유지하면서 꾸준한 매출과 이익을 내고 있는 현상은 후배 뮤지션들은 물론 기업 경영자들로부터도 주목받고 있다.

롤링 스톤즈의 성공적인 밴드 경영 비결이 믹 재거가 런던정경대LSE 경영학과에 다녔기 때문은 아니다. 그는 졸업 후 교사나 기자, 정치인이 되려던 꿈을 포기하고 음악 생활을 위해 대학을 중퇴했다. 경영학을 공부할 기회는 별로 없었다는 뜻이다. 실제

롤링 스톤즈 로고 (출처: 롤링 스톤즈)

로 믹 재거는 한 인터뷰에서 "나는 사실 대학에서 경영학을 열심히 하지 않았다"라며 "공부를 좀 해보고 싶다는 생각은 했지만, 그게 얼마나 지루한 일이겠느냐"고 말했다.

『괴짜 경제학Freakonomics』의 공동 저자인 스티븐 더브너Stephen J. Dubner는 믹 재거의 리더십을 주목했다. 그는 2007년 블로그에 쓴 글에서 "믹 재거는 비즈니스를 경영하는 데 있어서 극도로 똑똑하다"라며 "재거의 리더십 하에서 롤링 스톤즈가 가장 잘 한 것은 투어와 관련해 기업적 접근을 한 것"이라고 분석했다.

더브너에 따르면 대중음악의 매출은 크게 두 곳에서 발생한다. 하나는 음반 판매이고, 다른 하나는 공연 수입이다. 그런데 음반은 얼마나 팔릴지는 예측이 불가능하다. 음반사와 배급사 등 수익을 배분해야 할 곳도 많다. 이에 비해 공연을 효율적으로 하는 방법만 안다면 티켓 판매뿐 아니라 기업 스폰서 유치, 기념 티셔츠 판매 등을 통해 막대한 수익을 낼 수 있다.

오늘날 롤링 스톤즈가 음반 판매보다 공연 활동에 주력하는 것은 밴드의 CEO 격인 믹 재거의 경영 전략 때문이라는 게 더브너의 설명이다.

비슷한 이유로 경영 전문지 포춘Fortune은 2002년 기사에서 "롤링 스톤즈가 기업이었다면 '캐시 카우cash cow'가 됐을 것"이라고 평가했다. 보스턴컨설팅그룹BCG이 개발한 경영 진단 매트릭스에서 캐시 카우는 '투자비용을 모두 회수하고 많은 이익을 창출하는 단계'를 의미한다. 캐시 카우로 분류되는 제품은 잘 다져진 브랜드 명성이 있고, 신규 투자 자금이 많이 필요 없으며, 현금 흐름이 좋다.

실제로 롤링 스톤즈는 1994년 앨범 'Voodoo Lounge' 이후 20년 넘도록 정규 앨범을 발표하지 않았다. 이후 발표된 앨범은 모두 라이브 앨범이나 리메이크 앨범 등이다. 음반 제작이라는 신규 투자가 없이도 그동안 만들어 놓은 히트곡들을 토대로 끊임없이 돈을 벌고 있는 캐시 카우인 셈이다.

캐시 카우를 키우는 전략 외에도 롤링 스톤즈가 주는 경영학 교훈은 많다. 논픽션 작가인 리치 코언Rich Cohen은 2016년 월스트리트저널WSJ에 '비즈니스 성공을 위한 롤링 스톤즈의 가이드'라는 제목의 글을 기고했다. 그가 소개한 롤링 스톤즈의 교훈은 다음과 같다.

첫째. 이름을 잘 지어야 한다. 롤링 스톤즈의 원래 이름은 '리틀 보이 블루 앤 더 블루 보이즈Little Boy Blue And The Blue Boys'였다. 그러나 너무 길고 어려웠다. 당시 리드 기타리스트였던 브라이언 존스Brian Jones는 자신이 좋아하던 블루스 뮤지션인 머디 워터스Muddy Waters의 노래 'Rollin' Stone'으로 밴드 이름을 변경했다. 이후 매니저가 약간의 수정을 더해 'Rolling Stones'라고 이름 붙였다. '구르는 돌'이라는 이름은 밴드의 음악이 지향하는 '로큰롤'을 잘 표현했다는 점에서 성공적인 네이밍으로 평가받는다.

둘째. 시장이 원하는 것을 파악해야 한다. 1960년대는 비틀즈의 세상이었다. 누구나 비틀즈처럼 되고 싶어했다. 롤링 스톤즈는 다른 길을 택했다. 비틀즈가 '엄친아' 분위기를 풍길 때 롤링 스톤즈는 '반항아'의 이미지를 내세웠고, 비틀즈가 '사랑' 노래를 부를 때 롤링 스톤즈는 '섹스'를 노래했다. '틈새 시장'을 파고든 셈이다.

셋째. 구걸하거나 빌리거나 훔쳐라. 롤링 스톤즈는 커버 밴드로 시작했다. 다른 뮤지션의 곡을 연주하면서 가사를 바꾸곤 했다. 이들의 첫 싱글 "The Last Time"도 사실은 스테이플 싱어스 The Staple Singers의 "This May Be the Last Time"을 토대로 만든 곡이었다. 록 사운드를 입히고 템포를 빠르게 하면서 가사를 새로 붙인 이 곡은 롤링 스톤즈 신화의 출발점이 됐다.

넷째. 침몰하기 전에 닻을 잘라라. 롤링 스톤즈는 원래 브라이언 존스가 주축이 된 밴드였다. 하지만 존스가 마약 문제를 일으키자 나머지 멤버들은 그를 해고했다. 존스는 그로부터 한 달도 되지 않아 마약 과다복용으로 사망했다. 비록 무자비한 결정이었지만, 문제의 싹을 제거해 장수의 토대를 마련했다는 평가를 받는다.

다섯째. 계속해서 다른 모습을 보여줘야 한다. 롤링 스톤즈는 최소한 5번의 변화를 거쳤다. 커버 밴드에서 출발해 시대별로 팝, 애시드, 그루브, 뉴웨이브 등의 스타일을 보여줬다. 계속된 변화는 롤링 스톤즈를 불멸의 존재로 만들어줬다.

코언은 "롤링 스톤즈는 세상에서 가장 역동적이고 수익성이 있고, 영속성이 강한 기업"이라며 "장기적인 사업을 하려는 경영자나 기업인들은 이 다섯 가지 교훈을 염두에 둬야 할 것"이라고 말했다.

롤링 스톤즈 디스코그래피
The Rolling Stones / England's Newest Hit Makers (1964)
12 X 5 (1964)
The Rolling Stones No. 2 (1965)
The Rolling Stones, Now! (1965)
Out of Our Heads (1965)
December's Children (And Everybody's) (1965)
Aftermath (1966)
Between the Buttons (1967)
Their Satanic Majesties Request (1967)
Beggars Banquet (1968)
Let It Bleed (1969)
Sticky Fingers (1971)
Exile on Main St. (1972)
Goats Head Soup (1973)
It's Only Rock 'n Roll (1974)
Black and Blue (1976)
Some Girls (1978)
Emotional Rescue (1980)
Tattoo You (1981)
Undercover (1983)
Dirty Work (1986)
Steel Wheels (1989)
Voodoo Lounge (1994)

Bridges to Babylon (1997)
A Bigger Bang (2005)
Blue & Lonesome (2016)

★

소비자는 최초보다 최고를 기억한다

로큰롤이 어느 날 갑자기 하늘에서 툭 떨어진 것은 아니다. 이전부터 존재했던 재즈, 블루스, 가스펠, 컨트리 등이 복잡하게 얽히고설키면서 로큰롤이라는 장르로 발전했다.

라디오 DJ로 활동하며 로큰롤 대중화를 주도한 앨런 프리드Alan Freed는 1956년 자신이 출연한 영화 'Rock, Rock, Rock'에서 "로큰롤은 리듬 앤 블루스R&B, 재즈, 래그타임, 카우보이송, 컨트리송, 포크송 등 많은 냇물을 흡수한 강"이라고 표현했다.

이런 배경 때문에 '최초의 로큰롤'이 무엇이라고 단정하기는 어렵다. 다만 대다수의 대중음악 역사가들은 1951년 아이크 터너Ike Turner가 작곡한 "Rocket 88"을 첫 번째 로큰롤 레코딩으로 꼽는다. 이유는 강력한 백비트와 정제되지 않고 일그러진 일렉트릭 기타 사운드 때문이다.

반면 일부 음악평론가들은 이 곡이 록 리듬이 아닌 셔플 리듬을 사용했다는 점에서 최초의 로큰롤로 볼 수 없다고 주장하기도 한다. 곡을 쓴 아이크 터너도 2011년 인터뷰에서 "나는 Rocket 88이 로큰롤이라고 생각하지 않는다. 그 곡은 R&B 곡이다. 다만 로큰롤의 기원이 됐다고 본다"고 말했다.

논란이 많다보니 '롤링 스톤 로큰롤 새 백과사전New Rolling Stone Encyclopedia Of Rock & Roll'과 '로큰롤 명예의 전당'은 "Rocket 88"에 대해 "첫 번째 로큰롤 레코딩으로 여겨진다"는 다소 모호한 표현을 쓰고 있다.

대중음악 역사가인 로버트 파머Robert Franklin Palmer Jr.는 고어리 카터Goree Carter의 1949년 곡 "Rock Awile"을 최초의 로큰롤로 꼽는다. "Rocket 88"에 비해 일렉트릭 기타 소리가 부각된다는 이유에서다. 이밖에 로이 브라운Roy Brown의 "Good Rockin' Tonight"(1947), 시스터 로제타 사프Sister Rosetta Tharpe의 "Strange Things Happening Every Day"(1944)를 최초로 꼽는 경우도 있다.

최초의 로큰롤 곡이 무엇인지에 대해선 논란이 계속되고 있다. 다만 로큰롤을 처음 대중화시킨 노래에 대해선 대체로 이견이 없다.

1954년에 발표된 빌 헤일리의 히트곡 "Rock Around The Clock"은 1955년 글렌 포드 주연의 영화 '폭력교실Blackboard Jungle'의 주제곡으로 쓰이면서 로큰롤의 대중화를 이끌었다. 이 노래는 영국에 로큰롤을 유행시키는 데 결정적인 역할을 하기도 했다.

미국의 대중음악 주간지 빌보드는 음악 연표를 그릴 때 '1890

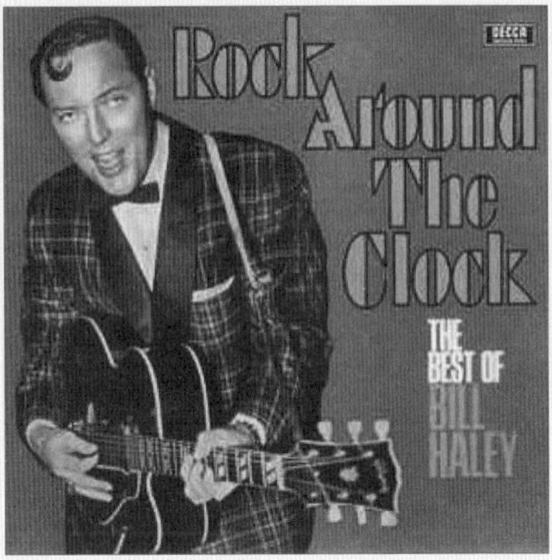

빌 헤일리의 'Rock Around The Clock'

년~1954년'과 '1955년~현재'로 나눈다. "Rock Around The Clock"이 대중음악의 판도를 바꿔놓았다고 보는 것이다.

이처럼 대중은 최초의 로큰롤보다 최고의 로큰롤을 기억한다. 처음 시작을 개척하는 것은 중요한 일이지만, 역사학자가 아닌 일반 대중이 의미를 부여하는 것은 최초가 아닌 최고다.

이는 어떤 분야에서든 마찬가지로 나타나는 현상이라는 점에서 기업 경영자들에게도 시사하는 바가 크다.

애플의 아이폰iPhone이나 삼성전자의 갤럭시Galaxy가 오늘날 스마트폰의 대명사가 된 것도 비슷한 사례다. 사실 최초의 스마트폰은 따로 있었다. 업계에서는 1992년에 발표된 IBM 사이먼Simon을 최초의 스마트폰으로 꼽는다. 그러나 이 이름을 기억하는 사람은 드물다. 아이폰과 갤럭시가 더 편리한 기능을 제공하며 스마트폰의 대중화를 이끌었기 때문이다.

최초의 풀터치 컬러 디스플레이 휴대폰도 마찬가지다. LG전자가 2007년 1월 내놓은 프라다폰Prada Phone은 물리적 버튼이 없는 디자인으로 시대를 앞서 나갔지만, 스마트폰이 아닌 피처폰이었다. 이 때문에 약 5개월 후 나온 애플 아이폰의 인기에 가려지는 비운의 명품이 됐다.

★

다르게 생각해야 새로운 시장이 열린다

"엘비스 이전에는 아무것도 없었다."

비틀즈의 멤버 존 레논은 1965년 8월 27일 미국에서 '로큰롤의 제왕' 엘비스 프레슬리와의 역사적 만남 후 이같이 말했다. 그의 발언은 음악 선배에 대한 존경을 나타내는 동시에 비틀즈 음악의 근원인 로큰롤의 역사적 의미를 평가한 것으로 해석된다.

엘비스 프레슬리라는 가수의 이름으로 대표되는 음악 장르인 로큰롤은 1940년대 이전과 1950년대 이후의 대중음악을 나누는 분수령과도 같다.

로큰롤의 시대를 말할 때 빼놓을 수 없는 인물은 샘 필립스Sam Philips다. 그는 미국 테네시주의 항구도시 멤피스에서 선 레코드Sun Record와 선 스튜디오Sun Studio를 운영하며 1950년대 로큰롤 발전에 지대한 영향을 끼쳤다. 엘비스 프레슬리는 그가 발굴한 대표적인 로큰롤러다.

엘비스 프레슬리 외에도 비비 킹B.B. King, 아이크 터너, 조니 캐쉬Johnny Cash, 제리 리 루이스Jerry Lee Lewis 등이 이곳에서 음반을 녹음했다. "Mystery Train", "Blue Suede Shoes", "Folsom Prison Blues", "I Walk the Line", "Ooby-Dooby", "Whole Lotta Shakin' Going On", "Great Balls of Fire" 등 지금까지 사랑받는 명곡들이 모두 여기서 탄생했다.

미국 시사주간지 뉴요커The New Yorker는 2015년 11월 셋째 주 기사에서 샘 필립스를 '산업 파괴자industry disrupter'라고 표현했다. 애플이 아이폰으로 기존 휴대폰 시장을 파괴하고 완전히 새로운 스마트폰 시대를 연 것이 산업 파괴자의 좋은 사례인데, 샘 필립스의 사업도 마찬가지였다는 의미다.

실제로 샘 필립스의 사업은 대도시가 아닌 지역 기반이었고, 자본력이 낮았으며, 제품을 유통할 시스템도 없었다. 그러나 그는 당시 컬럼비아, RCA 빅터Victor, 데카Decca 등 메이저 음반사들이 모두 "수익성이 없다"고 판단한 로큰롤 노래를 레코딩해 연달아 히트를 시키면서 대중음악 시장에 파란을 일으켰다.

샘 필립스는 1950년 멤피스 레코딩 서비스Memphis Recording Service를 설립했다. 이 스튜디오의 슬로건은 '무엇이든 어디서든 언제든 녹음해준다We Record Anything-Anywhere-Anytime'는 것이었다. 필립스는 뮤지션들이 언제든지 찾아와 노래를 녹음해보는 장소로 만들고 싶었다. 그래서 누군가 사무실 문을 열고 들어오면 묻지도 따지지도 않고 노래를 들어봤다. 그리고 마음에 들면 음반 녹음을 제안

샘 필립스(왼쪽)와 엘비스 프레슬리.

했다. 처음엔 음반 제작과 배급을 L.A.나 시카고 같은 대도시의 소규모 레이블에 맡겼다. 그러나 뮤지션의 저작권을 놓고 마찰이 생기자 1952년 선 레코드를 세워 직접 제작과 배급을 시작했다.

샘 필립스는 '느낌'을 중요하게 생각했다. 그리고 당시 스탠다드 팝과는 다른 스타일의 음악을 좋아했다. 그는 훗날 "내가 만약 발라드 곡이나 발매했다면 당신은 엘비스 프레슬리를 들어보지도 못했을 것"이라고 말했다.

선 레코드는 로컬 뮤지션들 사이에서 곧 입소문이 났다. 샘 필립스가 직접 스카우트를 하지 않아도 훌륭한 아티스트들이 제 발로 찾아왔다. 엘비스 프레슬리도 그 중 하나였다. 트럭 운전수였던 엘비스는 어머니의 생일 선물로 녹음할 노래를 위해 스튜디오를 찾았고, 그로부터 얼마 후 그의 목소리에 반한 필립스에 의해 정식 데뷔하게 됐다.

샘 필립스를 사로잡은 엘비스의 곡은 "That's All Right Mama"였다. 이 곡은 지역 라디오 방송을 통해 널리 알려졌고, 멤피스 이외의 지역 뮤지션들이 선 레코드를 찾아오는 다리 역할을 했다.

그러나 샘 필립스의 사업 수완은 좋지 못했다. 엘비스의 전성기가 시작된 1955년에 3만5000달러를 받고 엘비스를 대형 레코드사 RCA에 넘긴 것은 유명한 일화다. 당시로선 적지 않은 금액이었지만, 이후 엘비스가 벌어들인 돈을 생각하면 선견지명先見之明이 없었다는 평가를 받는다. 물론 대형 레코드 레이블이 뒤에 있었기에 엘비스가 세계적인 스타가 될 수 있었을 것이란 분석도 있다.

1960년을 전후해서 샘 필립스는 사실상 프로듀싱 작업을 포기하기에 이르렀다. 1969년에는 셸비 싱글턴Shelby Singleton에게 사업을 매각한 후 업계에서 서서히 잊혀져 갔다. 2003년 7월 30일에는 그의 사망 소식이 전해졌다. 향년 80세. 그가 설립했던 선 스튜디오 자리가 미국 역사기념물로 지정되기 하루 전날이었다.

수많은 로큰롤 스타를 발굴하고 주옥같은 명곡을 녹음한 샘 필립스는 생전 이런 말을 자주 했다고 한다.

"무엇인가 다르게 하지 않는다면, 당신은 아무것도 안 하는 것이다."

★

모방으로 안 된다면 역발상을 하라

비틀즈와 함께 '브리티시 인베이전'을 주도한 대표적인 영국 밴드는 롤링 스톤즈였다. 비틀즈가 단정한 외모와 아름다운 노래로 록 음악의 글로벌화를 선도했다면, 롤링 스톤즈는 퇴폐적인 이미지와 자유로운 연주로 록에 정체성을 불어넣었다.

1962년 영국 런던에서 결성된 롤링 스톤즈는 이듬해 7월 미국 로큰롤 뮤지션 척 베리의 커버곡 "Come On"으로 데뷔했다. 흑인 블루스와 로큰롤의 영향을 많이 받은 이들의 음악 스타일은 처음부터 비틀즈와 달랐지만, 멤버들은 비틀즈의 패션과 헤어스타일을 그대로 모방했다. 동그랗게 자른 머리카락과 말끔한 정장 차림이 그것이다. 그러나 비틀즈 흉내를 낸다고 비틀즈 같은 인기를 얻을 수는 없었다.

여기서 역발상을 한 것은 매니저 앤드류 루그 올드햄Andrew Loog

Oldham이었다. 그는 롤링 스톤즈 멤버들에게 비틀즈와 정반대의 이미지를 추구할 것을 요구했다. 구체적으로, 미스매치 의상과 장발의 헤어스타일 등 깨끗하지 않은 외모를 권한 것이다. 롤링 스톤즈의 불량하고 퇴폐적이며 반항하는 이미지는 이때부터 시작됐다.

롤링 스톤즈의 새로운 전략은 효과가 있었다. 청소년들의 호응을 얻으며 롤링 스톤즈는 1960년대 '반문화counterculture'의 상징이 됐다. 심지어 롤링 스톤즈의 '악동bad boy' 이미지는 록 뮤지션 전반의 캐릭터로 굳어졌다.

롤링 스톤즈가 단지 외모만 변신을 꾀한 것은 아니었다. 실제 사생활도 '막장' 그 자체였다. 음주, 마약, 섹스와 관련한 스캔들은 늘 밴드 멤버들을 따라다녔다. 보컬리스트인 믹 재거가 4000

롤링 스톤즈의 공연 장면
(출처: 유튜브)

명 넘는 여자와 잤다는 전설은 유명하다.

영국에서 시작된 롤링 스톤즈의 인기는 곧이어 미국에서도 재현되었다. 1964년에 발표한 "Time Is On My Side"가 빌보드 싱글 차트 6위에 오르면서 주목을 받았고, 1965년에는 "(I Can't Get No) Satisfaction"이 빌보드 1위에 오르며 본격적인 전성기를 맞았다.

뒤늦게 시작된 롤링 스톤즈의 시대는 길게 이어졌다. "(I Can't Get No) Satisfaction"의 히트 이후 "Get Off of My Cloud", "As Tears Go By" 등이 연달아 인기를 끌었고, 1966년 전곡을 모두 자작곡으로 채운 앨범 'Aftermath'는 대중과 평론가들 모두에게 극찬을 받았다.

특히 1970년 비틀즈가 해체되자 롤링 스톤즈는 록의 왕좌를 차지했다. 음악적으로도 최고의 경지에 올랐다. 1971년 발표한 앨범 'Sticky Fingers'와 1972년작 'Exile On Main Street'는 대표적인 명반으로 꼽힌다. 1978년에는 당시 디스코 열풍에 편승한 앨범 'Some Girls'로 팬들의 비난을 받기도 했지만, 상업적으로는 대단한 성공을 거뒀다.

롤링 스톤즈는 2020년 현재까지도 활동하고 있다. 데뷔 이후 별다른 활동 중단 없이 60년 가까이 꾸준히 노래를 만들고 지속적으로 공연을 하며 '록은 죽었다'는 일각의 평가를 비웃고 있다.

★

틈새시장을 파고들면 성공이 보인다

록 음악은 태동기부터 기독교와 마찰을 겪었다. 1950년대 백인 기독교 사회는 흑인 뮤지션이 연주하는 로큰롤이 악마의 음악이라며 배척했다. 엘비스 프레슬리 이후 록이 백인 중심의 음악이 된 후에도 록 음악계와 교회의 갈등은 계속됐다. 특히 1970년대 초 블랙 사바스를 필두로 등장한 헤비메탈은 1980년대 들어 교회와 본격적으로 대립했다. 악마주의를 내세운 밴드들이 속속 등장했고, 사탄을 직접적으로 찬양하지 않더라도, 술과 마약, 폭력, 그리고 섹스를 미화하거나 찬양하는 듯한 노랫말은 기독교인들의 지탄을 받았다.

이러한 시대적 상황에서 헤비메탈을 통해 기독교 복음을 전파하겠다는 밴드가 등장했다. 마이클 스위트Michael Sweet와 로버트 스위트Robert Sweet 형제는 1983년 캘리포니아 오렌지 카운티에

스트라이퍼의 'In God We Trust'

서 록스 레짐Roxx Regime이라는 밴드를 결성했다. 결성 당시에는 일반적인 헤비메탈 밴드였지만, 기독교 신앙에 기반한 메시지를 담은 노래를 하기로 하면서 밴드 이름을 스트라이퍼Stryper로 변경했다. 이사야 53장 5절에 나오는 'stripes'(예수가 채찍에 맞은 자국을 의미)에서 유래한 이름이다.

기독교 복음과 록 음악을 결합한 사례는 1960년대부터 있었지만, 록에 비해 하드하고 헤비한 메탈 음악을 추구한 것은 스트라이퍼가 처음이었다. 이들의 등장은 불량배 이미지의 남자들이 주도하던 1970년대 록 음악계에 어린 소녀들로 구성된 런어웨이즈The Runaways가 나타났던 것만큼이나 신선한 충격이었다.

특히 스트라이퍼는 헤비메탈을 듣고 싶으면서도 종교적인 문제로 고민하던 일부 기독교 청소년들이 당당하게 음악을 들을 수 있는 통로가 됐다. 스트라이퍼의 가스펠 메탈은 결과적으로 니치 마켓niche market(특정한 성격을 가진 소규모의 소비자를 대상으로 하는 시장)을 공략한 셈이다.

물론 스트라이퍼의 틈새 공략은 음악성이 뒷받침됐기에 가능했다. 단지 가스펠로만 어필한 것이 아니라, 탄탄한 연주력과 수려한 멜로디, 미성의 보컬 등은 당대 어느 밴드와 견줘도 모자라지 않았다.

스트라이퍼는 결성 직후 메이저 레이블인 이니그마 레코드Enigma Records와의 계약을 따냈고, 1984년 데뷔 미니앨범EP 'The Yellow and Black Attack'을 발표했다. 활발한 공연 활동으로 이름을 알린 스트라이퍼는 이듬해 내놓은 앨범 'Soldiers Under Command'가 골드 레코드(50만 장 이상 판매)를 기록하며 대중적 인기의 발판을 마련했다.

이때까지만 해도 니치 마켓에서 성공한 수준이었지만, 1986년에 발표한 앨범 'To Hell with the Devil'이 3개월 만에 플래티넘 레코드(100만 장 이상 판매)에 오르면서 메이저 밴드로 발돋움했다. 이 앨범에 수록된 록 발라드 명곡 "Honestly"는 메탈 팬이 아닌 일반 대중으로부터도 폭발적인 인기를 끌었다.

스트라이퍼의 음악 경력이 순탄치만은 않았다. 1988년 앨범 'In God We Trust'가 지나치게 상업적인 사운드로 변질됐다는 비판을 받으며 서서히 인기가 식었고, 1990년에 발표한 'Against the Law'는 가스펠 메시지가 하나도 담기지 않아 기독교 팬들로부터 외면당했다.

스트라이퍼의 크리스찬 니치 마켓 공략은 성공적이었지만, 더 큰 시장으로 무대를 옮기면서 이들의 음악은 오히려 정체성이 모호한 상품이 돼버린 셈이다. 결국 두 앨범을 통해 팬층의 두 축이었던 헤비메탈 리스너와 기독교인을 모두 잃었다.

이 시기 음악 전문지 롤링 스톤에는 '스트라이퍼 멤버들이 흡연과 음주를 공개적으로 하기 시작했다'는 기사가 게재돼 논란이 일기도 했다. 멤버들이 보도 내용을 부인했지만, 기사의 파급력은 상당했다. 스트라이퍼가 기독교인 행세를 하며 대중을 속여왔다는 비난 여론이 확산됐다.

보컬리스트 마이클 스위트는 2018년 디트로이트 프리 프레스Detroit Free Press와의 인터뷰에서 "우리는 기독교적 가사 때문에 헤비메탈이나 하드록 사회에서 받아들여지지 못했다"며 "그렇다고 기독교 사회에서 전적인 지지를 받은 것도 아니었다"고 회고했다.

하지만 이러한 고난과 역경이 스트라이퍼의 음악을 멈추진 못했다. 스트라이퍼는 1990년대 중반 마이클 스위트의 솔로 활동으로 인해 휴지기를 가졌지만, 1999년 재결합해 2020년 현재까지도 꾸준한 앨범 발매와 공연 활동을 하고 있다. 그리고 지금은 다시 원래대로 크리스찬 메탈이라는 틈새 시장을 공략하고 있다.

스트라이퍼 디스코그래피
The Yellow and Black Attack (1984)
Soldiers Under Command (1985)
To Hell with the Devil (1986)
In God We Trust (1988)
Against the Law (1990)
Reborn (2005)
Murder by Pride (2009)
The Covering (2011)
Second Coming (2013)
No More Hell to Pay (2013)
Fallen (2015)
God Damn Evil (2018)
Even the Devil Believes (2020)

★

미래를 내다보는 안목을 키워라

데이비드 보위David Bowie는 한 시대를 풍미한 록 뮤지션이었고, 배우였으며, 패션 아이콘이었다. 그러나 그가 음악 시장과 인터넷 시장의 미래를 예견한 IT 전문가였다는 사실은 별로 알려지지 않았다. 아울러 그는 음악과 금융의 경계를 넘나든 혁신적인 사업가이기도 했다.

보위는 지금처럼 음원 스트리밍 서비스를 통해 음악을 듣는 시대가 오리라는 것을 누구보다도 빨리 내다봤다.

그는 2002년 6월 뉴욕타임스New York Times와의 인터뷰에서 "앞으로 10년 내에 우리가 생각하는 음악의 모든 것이 완전히 변할 것이고, 어느 것도 그것을 멈출 수 없을 것"이라며 "음악 그 자체는 흐르는 물이나 전기처럼 될 것"이라고 말했다. 보위는 또 "많은 공연을 준비해야 할 것"이라며 "왜냐하면 공연은 단 하나 남

데이비드 보위

는 '독특한 상황'이 될 것이기 때문"이라고 설명했다.

그가 언급한 '독특한 상황'이란 경제학에서 말하는 재화의 '배타성excludability'으로 풀이할 수 있다. 대가를 지불하지 않은 사람을 사용에서 제외할 수 있는 재화를 뜻한다. 보위의 발언은 곧 음악이 배타성 없는 공공재처럼 될 것이기 때문에 뮤지션들은 소비자들이 돈을 내야만 볼 수 있는 공연을 많이 해야 한다는 의미였다.

실제로 보위는 그 즈음부터 음반 중심의 매출 구조를 공연 중심으로 바꿨다. 그리고 옛날 노래를 부르지 않겠다는 약속을 어기고 히트곡 중심의 세트리스트를 짰다. 그는 말을 바꾼 것에 대해 "관객을 모으려면 그들이 아는 노래를 불러야 하지 않겠느냐"고 했다.

보위의 예언은 적중했다. 그의 발언으로부터 10년도 안돼 음악은 적은 돈을 내거나 돈을 아예 내지 않고도 스트리밍을 통해 들을 수 있게 됐다. 음반 매출이 줄어든 뮤지션들이 공연을 주 수입원으로 삼게 되면서 공연 티켓 가격은 급등했다. 백악관 경제자문위원장을 지낸 고故 앨런 크루거는 2005년 논문에서 이러한 현상을 '보위 이론Bowie Theory'이라고 이름붙이기도 했다.

미디어 산업에 대한 보위의 통찰력은 그가 인터넷이 대중화되기도 전에 만든 '보위넷BowieNet'을 통해서도 잘 드러난다.

보위는 구글Google이 설립된 해와 같은 해인 1998년 인터넷 서비스 업체ISP를 설립했다. 그는 이용자들로부터 월 19.95달러를 받고 20메가바이트Mb 짜리 홈페이지 공간과 5Mb의 이메일 계정을 제공했다. 보위넷은 보위의 미공개 작품은 물론 음악, 경제, 스포츠 뉴스를 제공하는 포털 사이트의 기능을 했다.

보위는 보위넷 출범 당시 "내 팬들뿐 아니라 모든 음악 팬들이 방대한 음악과 정보에 접속할 수 있는 커뮤니티를 만들고 싶었다"고 밝힌 바 있다. 그의 취지대로라면 보위넷은 사실상 오늘날 인기를 끌고 있는 소셜 미디어의 시초나 다름없다.

보위는 이처럼 미래를 내다보는 IT 사업가였던 동시에 혁신적인 금융인이기도 했다. 그는 최초의 '셀러브리티 본드(유명인이 자신의 지적재산권 등을 담보로 발행하는 채권)'를 발행했고, 초창기 인터넷 은행도 세웠다.

1997년 보위는 향후 10년간 과거 25개 앨범(287곡)에서 발생하는 로열티를 담보로 자산유동화증권ABS을 발행한 것으로 유명하다. '보위 본드Bowie Bond'라는 이름의 이 ABS의 연리는 7.9%였다.

당시 미국 국채 10년물 금리(6.4%)보다 높은 수준이었다. 신용평가사 무디스Moody's는 보위의 보위 본드에 'A3' 등급을 부여했고, 푸르덴셜Prudential이 이를 매입했다. 보위는 이를 통해 5500만 달러를 손에 쥐었다.

이후에도 보위의 금융 도전은 계속됐다. 2000년에는 USA 뱅크쉐어스닷컴USABancShares.com과 손잡고 인터넷 은행인 '보위뱅크BowieBanc'를 만들어 고객들에게 자신의 얼굴이 그려진 체크카드와 신용카드를 발급했다. 보위뱅크는 시중 은행들과 본격적인 경쟁을 하기보단 보위의 브랜드 마케팅 성격이 강했지만, 영업점 없이 인터넷을 통해 은행을 운영한다는 발상은 시대를 한참 앞서나간 것이었다.

2016년 1월 10일 세상을 떠난 데이비드 보위는 생전 "시간은 나를 변화시키겠지요time may change me"라고 노래했다. 하지만 사실은 그가 시간을 초월하며 세상을 변화시킨 셈이다.

데이비드 보위 디스코그래피
David Bowie (1967)
David Bowie [Space Oddity] (1969)
The Man Who Sold the World (1970)
Hunky Dory (1971)
The Rise and Fall of Ziggy Stardust and the Spiders from Mars (1972)
Aladdin Sane (1973)
Pin Ups (1973)

Diamond Dogs (1974)
Young Americans (1975)
Station to Station (1976)
Low (1977)
"Heroes" (1977)
Lodger (1979)
Scary Monsters.....and Super Creeps (1980)
Let's Dance (1983)
Tonight (1984)
Never Let Me Down (1987)
Tin Machine (1989)
Tin Machine II (1991)
Black Tie White Noise (1993)
Outside (1995)
Earthling (1997)
'Hours...' (1999)
Heathen (2002)
Reality (2003)
The Next Day (2013)
★(Blackstar) (2016)

★

연관 산업과의 시너지를 꾀하라

검은색 라이더 재킷과 청바지를 입은 장발의 남자. 1980년대 헤비메탈 뮤지션을 떠올리면 저절로 연상되는 이미지다. 이에 비해 1990년대 그런지 록 뮤지션들은 '떡진' 단발머리에 체크무늬 남방셔츠와 펑퍼짐한 면바지로 그려진다.

뮤지션이 입고 있는 옷만 봐도 어떤 음악을 하는 사람인지 짐작할 수 있을 정도로 음악과 패션은 밀접한 관계를 갖고 있다. 엘비스 프레슬리에서부터 레이디 가가Lady Gaga에 이르기까지 인기 음악인의 헤어스타일이나 옷차림은 팬들과 공유되면서 유행을 만들었다.

특히 1970년대 펑크 록과 1990년대 그런지 록은 단순한 패션 유행을 넘어 한 시대를 풍미하는 문화 현상이 되면서 관련 산업에도 상당한 영향을 끼쳤다.

펑크 문화는 미국 뉴욕과 영국 런던에서 동시다발적으로 일어났다. 1970년대 초반 뉴욕 이스트 빌리지에는 CBGB라는 라이브 뮤직 클럽이 문을 열었다. 벨벳 언더그라운드The Velvet Underground, 스투지스The Stooges, 뉴욕 돌즈New York Dolls, 텔레비전Television, 패티 스미스Patti Smith 등 실험적 사운드를 추구하는 밴드들은 이곳에서 공연을 하며 관객들을 끌어모았다.

CBGB는 단지 새로운 음악을 듣는 장소에 그치지 않고, 반체제anti-establishment 문화의 통로가 됐다. CBGB는 텔레비전의 리처드 헬Richard Hell이 찢어진 티셔츠와 검은색 가죽 재킷, 검은색 모터사이클 부츠, 체인, 그리고 뾰족뾰족 세운 헤어스타일을 유행시킨 곳이기도 했다. 전형적인 펑크 패션이 이곳에서 탄생한 것이다.

비슷한 시기 불황으로 실업자가 급격히 늘어난 런던에서도 반체제 움직임이 일고 있었다. 뉴욕에서 CBGB의 패션과 음악에서 영감을 얻은 영국인 말콤 맥라렌Malcolm McLaren은 런던으로 건너가 젊은 무정부주의자들을 끌어모아 밴드를 구성했다. 조니 로튼Johnny Rotten, 스티브 존스Steve Jones, 폴 쿡Paul Cook, 글렌 매트록Glen Matlock의 섹스 피스톨즈가 그들이다.

당시 맥라렌이 비비안 웨스트우드Vivian Westwood와 함께 1974년에 오픈한 옷가게 'SEX'는 섹스 피스톨즈의 의상을 전담했다. 오늘날 영국 '패션의 대모'라고 불리는 비비안 웨스트우드는 맥라렌과의 만남을 통해 주류 문화에 대한 반권위주의적 태도를 갖게 되고, 이를 표출하는 패션의 힘을 배운 것으로 전해진다.

펑크 뮤지션들에 의해 유행이 된 의상은 20년 가까이 록 음악인들의 패션 아이콘이 됐다. 시대가 변하면서 유행은 조금씩 달라졌지만, 적어도 블랙 레더 재킷은 이들의 상징이었다.

하지만 1990년대 초반 너바나를 위시한 그런지 록 밴드들은 선배 록 뮤지션들의 패션 코드를 따르지 않았다. 패션 코드 따위가 없었다는 표현이 정확할지도 모르겠다. 외모만 보면 노숙자나 다름없었으니 말이다. 'grunge'라는 단어 자체가 먼지, 때 등을 뜻한다.

그런데 그런지 록이 인기를 끌면서 커트 코베인을 비롯한 뮤지션들이 대충 걸쳐입은 듯한 옷들이 유행을 탔다. 이른바 '그런지 룩grunge look'이다. 물 빠진 청바지와 헐렁한 체크 셔츠는 물질만능주의 사회에서 소외된 젊은이들이 느끼는 염세주의와 좌절을 표현한다는 해석이 뒤따랐다.

펑크 패션 확산에 비비안 웨스트우드가 중요한 역할을 했다면, 길거리 패션인 그런지 룩을 하이 패션에 처음 소개한 디자이너는 마크 제이콥스Marc Jacobs였다.

페리 엘리스Perry Ellis 브랜드의 여성복 디자이너였던 마크 제이콥스는 1993년 봄/가을 페리 엘리스 컬렉션을 통해 그런지 음악과 스타일에서 영감을 받은 넝마주이 패션을 소개했다. 플란넬 체크 셔츠와 큰 사이즈의 스웨터 등을 컨버스 운동화나 닥터마틴 군화와 함께 '믹스 앤 매치'했다.

처음엔 평가가 좋지 못했다. 뉴욕타임스는 '난장판mess'이라고 혹평했고, 결과적으로 페리 엘리스 여성복 라인은 종말을 고했다. 다만 마크 제이콥스는 그런지 컬렉션을 계기로 1992년 미국 패션 디자이너협회CFDA가 주는 '올해의 여성복 디자이너 상'을 수상했고, 그런지 룩은 당시를 대표하는 주요 패션으로 자리잡았다.

펑크 패션과 그런지 룩 이전에도 비틀즈의 '모즈 룩Mods look', 데이빗 보위의 '글램 룩glam look' 등은 그 시대를 대표하는 패션이었다. 음악과 패션은 서로 영향을 주며 문화 코드를 만들었다. 록 음악이 당대의 시대정신을 대표하는 과정에서 패션 산업과의 시너지는 빼놓을 수 없는 요인이었던 셈이다.

★

새로운
판매
루트를
찾아보라

두 잇 유어셀프Do It Yourself·DIY는 전문가의 도움 없이 무엇을 스스로 만드는 것을 의미한다. 제2차 세계대전 직후 영국에서 물자와 인력이 부족해지자 자신의 일은 스스로 해야 한다는 인식에서 비롯됐다. 이 개념은 주로 가구 제작이나 정원 손질 등의 분야에서 쓰이기 시작했지만, 1970년대 이후 대중음악으로도 범위가 확장됐다.

1970년대 중반 영국 런던과 미국 뉴욕에서 태동한 펑크 문화는 개인의 자유, 권위주의 반대와 함께 DIY 정신을 중요한 가치로 삼았다. 펑크 문화의 영향을 받은 펑크 록 밴드들도 마찬가지였다. 이들은 음악 생산부터 음반 유통까지 스스로 해결하며 DIY 정신을 지켰다. 당시 메인스트림 록 밴드들이 대형 레코드 레이블과 계약하고 세련된 음반을 찍어내는 동안 펑크 록 밴드들은 인디펜던트(인디) 레이블을 설립해 소량 생산한 음반을 공연장 등에서 판매했다.

케빈 던Kevin C. Dunn 호바트 앤 윌리엄 스미스 대학Hobart and William Smith Colleges 교수가 쓴 책 『글로벌 펑크Global Punk: Resistance and Rebellion in Everyday Life』에 따르면 1977년 1월 발매된 영국 펑크 밴드 버즈콕스Buzzcocks의 미니 앨범 'Spiral Scratch'는 밴드 멤버들이 가족과 친구들로부터 빌린 돈 500파운드를 사용해 집에서 녹음됐다. 이들은 뉴 호르몬즈New Hormones라는 레이블을 만들어 음반 생산과 유통에 나섰다. 인디 레이블의 시초로 꼽히는 버즈콕스의 뉴 호르몬즈는 누구나 음반을 발매할 수 있다는 것을 보여줬다는 점에서 음악 산업에서 갖는 의미가 크다.

이후 영국 곳곳에서 인디 레이블이 생겨났다. 같은 해 5월 데

버즈콕스의 'Spiral Scratch'

스퍼릿 바이시클즈The Desperate Bicycles는 리필 레코드Refill Records를 설립하고 싱글 "Handlebars"를 발매했다. 이들은 싱글 표지에 음반 녹음에 든 비용이 153파운드라고 적어 화제가 됐다. 노래 가사에는 "쉽고 저렴했어요. 가서 해보세요It was easy, it was cheap, go and do it"이라며 동료 밴드들의 인디 레이블 설립을 독려하기도 했다.

데스퍼릿 바이시클즈의 말대로 음반을 녹음하고 발매하는 것은 어렵지 않았다. 문제는 판매였다. 대형 레코드사들은 전국은 물론 세계적인 유통망을 갖고 음반을 배급했지만, 인디 레이블은 그럴만한 수준이 못 됐다. 공연장에서 판매하는 것만으로는 한계가 있었다.

그래서 이들은 펑크 전문 잡지에 광고를 내고 주문이 들어오면 우편으로 발송하는 식으로 음반을 팔았다. 이후 카르텔The Cartel이라는 독립 유통업자 조직의 도움을 받아 음반 유통망을 확대해 나갔다. 거대 음반사의 도움 없이도 음악을 생산하고 유통하는 시스템을 개척한 것이다.

물론 모든 펑크 록 밴드들이 인디 레이블에 소속된 것은 아니었다. 가장 유명한 펑크 밴드인 섹스 피스톨즈는 처음부터 메이저 레이블인 EMI와 계약했고, 클래시 역시 CBS를 통해 음반을 발매했다. 인디 레이블에서 출발한 밴드들도 유명세를 타기 시작하면 곧바로 메이저 레이블로 이적하는 일이 잦았다.

다만 영국 펑크 록 밴드들의 초기 DIY 정신은 1980년대 미국 인디 뮤직 신을 조성하는 바탕이 됐다. 1990년대에는 한국에서도 많은 인디 레이블이 설립돼 언더그라운드 록 음악을 소개하는 역할을 담당했다.

요즘은 DIY가 펑크 록을 넘어 음악 산업 전반으로 확산됐다고 해도 과언이 아니다. 기술의 발달로 인해 뮤지션들이 직접 음악을 만들어 곧바로 대중에 선보이는 일이 흔해진 것이다. 2000년대 초에는 마이스페이스를 이용해 음악을 홍보하다 메이저 레이블에 픽업되는 경우가 많았고, 지금은 유튜브와 사운드 클라우드가 그 자리를 대신하고 있다.

★

분야 확장으로 주력 사업을 뒷받침하라

밴드 로고가 그려진 티셔츠, 머그컵, 수건 등 머천다이즈는 음악 산업에서 중요한 부분을 차지한다. 미국 라이센싱산업 머천다이저 협회LIMA의 조사에 따르면 2016년 글로벌 음악 머천다이즈 시장 규모는 31억 달러로 전년 대비 9.4% 성장했다. 스포츠, 애니메이션 등 다른 머천다이즈 시장보다 빠른 성장세다. 여기엔 공연장에서 판매하는 기념 티셔츠 등의 매출은 포함되지 않았다. 티셔츠는 공연장에서 팔리는 경우가 대부분인 만큼 실제 음악 머천다이즈 시장은 통계보다 훨씬 크다는 의미다.

뮤지션들에게 머천다이즈는 음반이나 공연을 통한 본연의 수익에 더해 추가적으로 큰 돈을 벌 수 있는 가외 수입원이다. 이 때문에 인기 밴드들은 너 나 할 것 없이 머천다이즈 사업에 눈을 돌리고 있다.

특히 1973년 결성된 미국 하드록 밴드 키스는 40년이 넘는 역사에서 비롯된 넓은 팬층을 바탕으로 머천다이즈 사업을 적극적으로 전개하고 있다. 키스는 1억 장이 넘는 음반 판매고를 통해 올린 수입보다 머천다이즈에서 번 돈이 더 많다고 한다.

키스의 머천다이즈 사업은 보컬리스트 겸 베이시스트인 진 시몬즈Gene Simmons가 주도하고 있다. 그는 4800명의 여성과 잤다는 주장 때문에 플레이보이 이미지가 강하지만, 사실 사업가라는 평가가 어울린다.

진 시몬즈는 2017년 영국 BBC와의 인터뷰에서 "인생은 사업"이라며 "나는 더 많은 돈을 추구하는 걸 절대로 멈추지 않을 것이며, 결코 충분히 갖지 못할 것"이라고 말했다.

3억 달러의 재산을 가진 것으로 알려진 그는 "난 더 많은 돈을 벌기 위해 산다"며 자신을 세계적인 투자가 워렌 버핏Warren Buffet에 비유하기도 했다. 그는 "버핏은 돈이 필요없는 데도 매일 일하러 가지 않느냐"고 물었다. 그러면서 "돈이 모든 악의 근원이라고 말하는 사람들은 멍청이다. 돈이 없는 것이 모든 악의 근원이다"라고 강조했다.

키스의 머천다이즈 아이템은 5000여 종에 이른다. 티셔츠는 기본이고, 모자, 코믹 북, 핀볼 머신, 주얼리, 재떨이, 라이터, 와플 기계, 향수, 도시락, 야구공, 심지어 콘돔까지도 판매한다. 컬래버레이션을 통해 만들어진 헬로 키티 인형과 베어브릭 피규어도 있다. 머천다이즈는 아니지만 골프장과 커피숍도 운영하고 있다.

가장 엽기적인 머천다이즈는 관이다. '키스 캐스킷KISS Kasket'이

키스 캐스킷 (출처: 키스)

란 이름으로 지난 2001년 출시된 관은 키스 로고와 밴드 멤버들의 사진으로 장식돼 있다. 가격은 4000달러에 달한다. 2004년 대미지플랜Damageplan 공연 중 관객의 총에 맞아 숨진 기타리스트 다임백 대럴Dimebag Darrell이 이 관에 들어가면서 유명세를 타기도 했다.

음악을 본업으로 하는 밴드가 지나치게 방대한 머천다이즈 사업을 벌이는 것에 대한 비난도 많다. 이에 대해 진 시몬즈는 "다른 밴드들도 티셔츠와 머천다이즈를 판다. 단지 우리만큼 잘하지 못하는 것일 뿐"이라고 답했다.

키스 디스코그래피
Kiss (1974)
Hotter than Hell (1974)
Dressed to Kill (1975)
Destroyer (1976)
Rock and Roll Over (1976)

Love Gun (1977)
Paul Stanley (1978)
Gene Simmons (1978)
Ace Frehley (1978)
Peter Criss (1978)
Dynasty (1979)
Unmasked (1980)
Music from "The Elder" (1981)
Creatures of the Night (1982)
Lick It Up (1983)
Animalize (1984)
Asylum (1985)
Crazy Nights (1987)
Hot in the Shade (1989)
Revenge (1992)
Carnival of Souls: The Final Sessions (1997)
Psycho Circus (1998)
Sonic Boom (2009)
Monster (2012)

★

M&A는 성공의 지름길이 될 수 있다

인수합병M&A은 '다른 회사의 경영권을 확보하기 위해 기업을 사들이거나 합병하는 것'을 뜻한다. 목적은 기존 기업의 성장 한계 극복, 신규 사업 참여에 소요되는 기간과 투자비용 절감, 경쟁사 인수를 통한 시장점유율 확대 등 여러가지이다.

M&A는 록 밴드들 사이에서도 이뤄진다. 물론 엄밀한 의미에서 법률적 결합이라고 볼 수 없고, 주식 양수도 따위의 절차도 없다. 단지 친한 뮤지션들끼리의 의기투합에 의해 이뤄지는 경우가 많지만, 목적은 기업 M&A와 유사하다.

록 음악계에서 가장 대표적인 M&A 사례는 트레이시 건즈Tracii Guns가 이끌던 엘에이 건즈L.A. Guns와 액슬 로즈Axl Rose의 밴드 할리우드 로즈Holywood Rose가 합병한 밴드다. 이름에서 짐작하듯이 바로 건즈 앤 로지스Guns N' Roses·이하 GNR이다.

1980년대 초반 미국 L.A. 클럽 무대에서 활동하던 엘에이 건즈와 할리우드 로즈는 공식적인 합병 이전부터 멤버 교류가 빈번했다. 엘에이 건즈의 초대 보컬리스트가 1983년 밴드를 탈퇴하자 트레이시 건즈는 액슬 로즈를 보컬리스트로 영입했다. 그러나 액슬은 곧 래피드 파이어Rapid Fire 보컬로 자리를 옮겼고, 이후 자신의 성을 딴 이름의 밴드 할리우드 로즈를 결성했다.

할리우드 로즈에는 기타리스트 이지 스트래들린Izzy Stradlin과 크리스 웨버Chris Weber가 멤버로 참여했고, 이후 기타리스트 슬래시Slash와 드러머 스티븐 애들러Steven Adler가 가세했다. 액슬 로즈와 이지 스트래들린, 슬래시, 스티븐 애들러는 훗날 GNR의 데뷔 앨범을 함께 녹음하며 일약 스타덤에 오르게 되지만, 결성 당시엔 인기가 없었다. 할리우드 로즈는 얼마 가지 않아 결국 해체됐다.

노래할 자리가 없어진 액슬 로즈를 구제해준 것은 또다시 엘

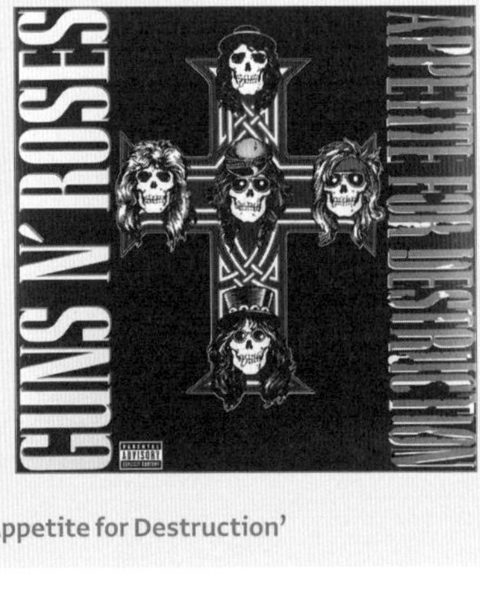

건즈 앤 로지스의 'Appetite for Destruction'

에이 건즈였다. 한때 잠시 동안 함께 활동했던 트레이시는 액슬을 밴드의 새 보컬리스트로 받아들이고, 밴드 이름을 건즈 앤 로지스로 변경했다. 아마도 두 사람의 질긴 인연을 서로 받아들인 모양이다. 1985년 3월에 일어난 역사적 M&A였다.

주목할만한 점은 이들이 두 밴드를 하나로 합치면서 기존 이름에서 각각 '건즈'와 '로즈'를 따와 밴드의 이름을 지었다는 것이다. GNR 이전에도 록 밴드들은 수시로 쪼개지고 또 합쳐졌지만, 다임러-크라이슬러, AOL-타임워너 등 마치 기업 간 M&A처럼 기존 조직의 이름을 각각 유지한 채 합병한 것은 GNR이 처음이다.

기타를 잘 치기로 유명한 트레이시 건즈와 반항아적인 외모와 고음의 보컬을 겸비한 액슬 로즈의 결합은 수많은 밴드가 매일같이 생겨나던 L.A.에서 성공의 지름길이었다.

다만 역사적인 합병은 이름만 남았다. 멤버 교체가 거듭된 끝에 그해 6월께 GNR의 멤버는 옛 할리우드 로즈 멤버들로 채워졌다. 회사로 치면 공동 창립자 격인 트레이시 건즈는 밴드 이름에 '건즈'만 남긴 채 탈퇴하고 다시 엘에이 건즈를 결성했다.

GNR은 1987년 7월 발표한 데뷔 앨범 'Appetite for Destruction'을 통해 단숨에 록·메탈 음악 팬들을 사로잡았다. 이 앨범은 발매 첫해 50만 장이 팔렸고, 이듬해 8월에는 빌보드 앨범 차트 1위에 오르는 기염을 토했다. 현재까지 이 앨범의 누적 판매량은 3000만 장에 달한다.

반면 GNR의 탄생에 기여한 엘에이 건즈의 성공은 이에 미치지 못했다. 1989년 발표한 두 번째 앨범 'Cocked and Loaded'가 록 발라드 곡 "The Ballad of Jayne"의 인기에 힘입어 50만 장의 판매고를 올린 것이 최대 실적이다.

유명 뮤지션들이 결성하는 슈퍼그룹도 록 음악계에서 빈번하게 일어나는 일종의 M&A다. 야드버즈The Yardbirds의 에릭 클랩튼Eric Clapton과 그래엄 본드 오가니제이션The Graham Bond Organisation의 잭 브루스Jack Bruce 및 진저 베이커Ginger Baker가 만든 크림, 화이트스네이크Whitesnake 출신 존 사이크스John Sykes가 블랙 사바스 출신 레이 길런Ray Gillen 및 레인보우Rainbow 출신 코지 파월Cozy Powell 등과 구성했던 블루 머더Blue Murder 등이 대표적이다.

M&A까지는 아니더라도 각기 개성이 뚜렷한 밴드 또는 뮤지션들 간 컬래버레이션도 활발하게 이뤄진다. 오지 오스본과 리타 포드Lita Ford는 "Close My Eyes Forever"라는 듀엣곡으로 1989년 빌보드 차트 8위까지 올랐다. 앤스랙스Anthrax와 퍼블릭 에너미Public Enemy, 에어로스미스Aerosmith와 런 디엠씨Run D.M.C. 등 아예 장르를 넘나드는 컬래버레이션도 한때 인기를 끌었다.

건즈 앤 로지스 디스코그래피
Appetite for Destruction (1987)
G N' R Lies (1988)
Use Your Illusion I (1991)
Use Your Illusion II (1991)
"The Spaghetti Incident?" (1993)
Chinese Democracy (2008)

★

경쟁자와도 협업해 시너지를 내라

지코ZICO가 2018년 7월 발표한 노래 "SoulMate"에는 아이유IU가 피처링으로 참여했다. 안 그래도 인기가 좋은 두 뮤지션의 팬들이 시너지를 내면서 이 곡은 발표 직후 멜론을 비롯한 각종 음원 차트 1위에 올랐다.

지코와 아이유의 경우처럼 최근 몇 년 사이 아티스트들의 컬래버레이션collaboration이 유행이다. 방탄소년단BTS의 "전하지 못한 진심"에는 세계적인 DJ 스티브 아오키Steve Aoki가 참여했고, 용준형의 '소나기'는 10cm와의 컬래버를 통해 탄생했다. 인기 뮤지션의 앨범 수록곡 가운데 한 두 곡은 다른 아티스트가 피처링한 경우가 많다.

미국의 경우도 마찬가지다. 2017년 빌보드 통계에 따르면 한 해 동안 미국 싱글 차트 10위까지 오른 팝송 가운데 2명 이상의 아티스트가 참여한 곡은 40%였다. 다른 장르에 비해 피처링이 일반화돼 있는 힙합의 경우 이 비율은 64%에 달했다.

컬래버레이션은 주로 마케팅에서 사용하는 용어로, 각기 다른 브랜드가 손잡고 소비자를 공략하는 기법을 뜻한다. 한 브랜드가 다른 브랜드와 협업해 서로의 장점을 극대화함으로써 새로운 수요를 창출해 내는 것이다.

대중음악의 컬래버레이션도 마찬가지다. 뮤지션들은 새로운 팬을 확보하고, 더 많은 인기를 끌기 위해 다른 아티스트와 협업한다. 원래는 경쟁자라고 할 수 있는 뮤지션들에게 누이 좋고 매부 좋은 시스템으로 작용하고 있는 셈이다.

경제 주간지 이코노미스트Economist는 2018년 2월 첫째 주 기사에서 "1986년 힙합 그룹 런 디엠씨Run D.M.C.가 록 밴드 에어로스미스와 함께 팀을 이뤄 'Walk This Way'를 녹음한 이후 음반사들은 여러 아티스트의 팬층을 결합하는 것이 음반 판매를 늘릴 수 있다는 것을 인식하게 됐다"고 컬래버레이션의 유행 원인을 분석했다.

실제로 런 디엠씨와 에어로스미스의 "Walk This Way"는 대중음악의 컬래버 문화를 본격화한 곡으로 평가받고 있다. 물론 이보다 훨씬 이전부터 컬래버는 존재했다. 1968년에 발표된 비틀즈의 "While My Guitar Gently Weeps"의 기타 연주는 에릭 클랩튼이 했다. 다만 "Walk This Way"는 이후 대중음악의 판도를 바꿔 놓았다는 점에서 하나의 전환점으로 기록된다.

이 곡은 원래 에어로스미스가 1975년에 발표해 빌보드 차트

런 디엠씨와 에어로스미스가 부른 "Walk This Way" 뮤직비디오의 한 장면.
(출처: 유튜브)

10위까지 오른 바 있다. 그런데 11년 뒤 런 디엠씨와 협업한 버전은 이보다 높은 4위까지 올랐다. 지금은 힙합이 빌보드를 점령하고 있지만, 그때만 해도 힙합 가수가 기록한 역대 가장 높은 순위였다.

"Walk This Way"의 상업적 히트 이후 팝송의 트렌드가 바뀌었다는 점은 특히 주목된다. 팝송이나 록에 힙합 요소가 삽입되는 경우가 잦아졌고, 아예 '랩 록Rap rock'이라는 장르가 형성되기도 했다.

특히 이 노래의 성공을 계기로 힙합은 언더그라운드에서 벗어나 메인스트림으로 진출할 수 있었다. 힙합은 피처링을 가장 적극적으로 하는 장르다. 오늘날 힙합이 록을 제치고 가장 인기있는 대중음악 장르로 부상하면서 컬래버 문화는 더욱 확산됐다.

음원 스트리밍 서비스도 컬래버의 유행에 일조하고 있다. 예컨대 스포티파이나 애플뮤직Apple Music에서 힙합 가수 켄드릭 라마Kendrick Lamar의 노래를 검색하면 록 밴드 마룬 파이브와 협업한 노래가 함께 검색되는데, 뮤지션들은 이처럼 다른 장르의 팬들에게 노출됨으로써 팬층을 넓힐 수 있다는 점에서 컬래버에 적극적이라는 설명이다.

컬래버에 대한 비판도 일각에 존재한다. 음악적 지향점이 다른 두 아티스트가 단지 돈벌이를 위해 힘을 합쳤다는 비난도 들을 수 있다. 제이-지Jay-Z와 비욘세Beyonce 부부의 협업은 종종 이유 없이 욕을 먹기도 한다.

그러나 팬 입장에선 컬래버만큼 반가운 일도 또 없다. 아이유의 신곡을 기다리는 동안 지코의 노래를 통해 아이유의 목소리를 들을 수 있다는 것은 얼마나 기쁜 일인가.

★

브랜드 파워를 높일 기회를 놓치지 말라

지난 2016년 미국 대통령 선거에는 도널드 트럼프Donald Trump와 힐러리 클린턴Hillary Rodham Clinton 외에도 수많은 후보가 출마했다. 경선에서 패배하거나 중도 포기한 후보들, 그리고 출마 선언만 하고 실제로는 등록은 하지 않은 사람들까지 포함하면 수십 명에 달한다. 그중 아마도 가장 독특한 후보(?)는 앨리스 쿠퍼Alice Cooper였을 것이다.

'쇼크록의 대부'로 불리는 앨리스 쿠퍼는 반백년 동안 록 뮤지션으로 살아온 슈퍼스타다. 그의 본명은 빈센트 데이먼 퍼니어Vincent Damon Furnier이지만, 17세기 마녀의 이름을 따 스테이지 네임을 만든 것으로 전해진다. 1969년 데뷔 앨범 'Pretties for You'를 시작으로 2020년 현재까지 27장의 스튜디오 앨범과 48개의 싱글, 11개의 라이브 앨범, 21개의 컴필레이션 앨범 등을 발표했다.

앨리스 쿠퍼의 2016년 미국 대선 포스터

지금까지 올린 음반 판매고는 5000만 장에 달한다.

앨리스 쿠퍼는 트럼프와 힐러리의 치열한 경쟁이 펼쳐지고 있던 2016년 대선 출마를 선언하면서 자신의 1972년 히트곡 "Elected"를 리메이크해 발표했다. 대선을 위해 만든 웹사이트에선 이 곡을 다운로드할 수 있게 했고, 자신의 얼굴이 그려진 대선 캠페인 포스터와 스티커, 티셔츠 등을 판매했다.

쿠퍼는 '연필은 이제 그만, 책도 이제 그만(자신의 히트곡 "School's Out" 가사를 인용한 것)', '브라이언 존슨(청력 이상으로 헤비메탈 밴드 AC/DC를 탈퇴한 보컬리스트)의 AC/DC 재합류', '영화극장에서 대화 금지' 등 장난스러운 공약을 내걸었다.

이에 대해 당시 일부 미국 언론은 "전 리얼리티쇼 스타(트럼프가 '어프렌티스'에 출연했던 것을 빗댄 표현)가 대통령에 당선될 수 있다면, 70대 나이의 헤비메탈 로커가 대통령을 하는 것도 그렇게 이상하지 않다"라고 평가하기도 했다.

물론 앨리스 쿠퍼가 대선에 출마한 것은 정말로 대통령에 당선되기 위해서가 아니었다. 미국 대선이라는 글로벌 빅 이벤트를 자신의 브랜드 네임을 알리는 마케팅 기회로 활용한 것이다. 사실 그는 리처드 닉슨Richard Nixon 대통령이 재선에 성공한 1972년에도 대선에 출마했고, 이후 대선에도 꾸준히 이름을 내밀며 브랜드 마케팅을 하고 있다.

오랫동안 앨리스 쿠퍼의 매니저로 일한 셰프 고든Shep Gordon은 한 인터뷰에서 "당시 우리는 '앨리스 쿠퍼'라는 브랜드를 홍보하기 위해 부모들을 격분케 할만할 일들을 시도하곤 했다"며 "이는 아이들이 우리를 좋아하게끔 만드는 가장 빠른 길이라고 생각했다"라고 회고했다.

아이러니하게도 앨리스 쿠퍼는 정치와 음악이 분리돼야 한다고 생각하는 사람이다. 그는 기회가 있을 때마다 "록은 절대로 정치와의 동침을 해선 안 된다"고 강조해 왔다.

쿠퍼는 조지 W. 부시George W. Bush와 존 케리John Kerry가 격돌했던 지난 2004년 대선 당시 록 뮤지션들이 특정 후보에 대한 지지 선언을 내놓자 이렇게 말하기도 했다.

"누구에게 투표할지에 대한 정보를 얻기 위해 록 스타의 말을 듣는다면 당신은 그들보다 더 멍청한 사람이다. 우리는 하루 종일 잠을 자고, 밤에는 음악을 연주한다. 앉아서 '워싱턴 저널'(정치에 관심이 없다는 것을 강조하기 위해 워싱턴포스트와 월스트리트저널을 혼용한 것으로 추정된다)을 읽는 시간은 매우 드물다."

쿠퍼가 이처럼 '셀프 디스'를 하는 이유는 록 뮤지션 대다수가 민주당 지지자인 반면 그는 공화당을 지지하기 때문이라는 해석도 있다. 젊은 층에 영향력이 큰 뮤지션들이 민주당 후보를 지지하는 현상을 애써 깎아내림으로써 공화당에 힘을 실어주려고 한다는 얘기다.

실제로 쿠퍼는 2004년 대선에서 부시를 지지한 데 이어 2015년 공화당 경선 당시에는 트럼프에 대해 "그는 말만 하는 사람이 아니라 행동하는 사람"이라며 지지를 표시한 바 있다. 쿠퍼는 트럼프 대통령과 골프를 함께 칠 정도로 친분이 두터운 것으로 알려졌다.

앨리스 쿠퍼는 당연히 한 번도 대선에서 승리한 적이 없지만, 그가 대선 때마다 부르는 "Elected"는 그에게 굉장한 승리를 안겼다. 1972년 대선 기간 이 곡은 빌보드 싱글 차트 26위까지 오르며 그의 유명세를 확고하게 만들어줬다. 비틀즈의 존 레논이 "훌륭한 곡"이라고 극찬한 것으로도 유명하다.

1948년생인 쿠퍼가 언제까지 노래를 부를지는 알 수 없다. 다만 그가 음악 생활을 계속 하는 한 기괴한 대권 도전은 계속 이어질 전망이다.

앨리스 쿠퍼 디스코그래피
Pretties for You (1969)
Easy Action (1970)
Love It to Death (1971)
Killer (1971)
School's Out (1972)
Billion Dollar Babies (1973)
Muscle of Love (1973)

Welcome to My Nightmare (1975)
Alice Cooper Goes to Hell (1976)
Lace and Whiskey (1977)
From the Inside (1978)
Flush the Fashion (1980)
Special Forces (1981)
Zipper Catches Skin (1982)
DaDa (1983)
Constrictor (1986)
Raise Your Fist and Yell (1987)
Trash (1989)
Hey Stoopid (1991)
The Last Temptation (1994)
Brutal Planet (2000)
Dragontown (2001)
The Eyes of Alice Cooper (2003)
Dirty Diamonds (2005)
Along Came a Spider (2008)
Welcome 2 My Nightmare (2011)
Paranormal (2017)
Detroit Stories (2020)

★

위기에서 구해줄 새 소비자를 주목하라

지난 2018년 5월. 록의 역사와 함께한 일렉트릭 기타의 명가名家 깁슨이 미국 델라웨어 법원에 파산보호신청(Chapter 11)을 했다는 소식이 전해졌다. 지금은 법정관리 상태에서 벗어났지만, 당시 뉴스는 록 음악 팬들에게 적잖은 충격을 줬다.

깁슨 기타는 비비 킹, 지미 페이지, 앵거스 영, 슬래시 등 수많은 기타 히어로들이 사용해 온 전설적인 악기다. 에릭 클랩튼은 비틀즈의 "While My Guitar Gently Weeps" 기타 솔로를 녹음하면서 깁슨 레스 폴을 사용했고, 2017년 사망한 '로큰롤의 아버지' 척 베리는 그가 사랑했던 깁슨 ES-335와 함께 땅에 묻혔다.

레드 제플린의 "Stairway to Heaven"과 건즈 앤 로지스의 "November Rain"에 등장하는 아름다운 기타 솔로는 물론, 블랙 사바스의 "Paranoid"나 AC/DC의 "Thunderstruck"에 나오는 헤비한 기타 리프에도 깁슨 기타가 사용됐다.

깁슨은 1952년 기타리스트 레스 폴Les Paul과 협업해 솔리드바디 일렉트릭 기타 '레스 폴'을 출시했다. 레스 폴은 지금까지도 록 뮤지션들이 가장 선호하는 기타 중 하나로 꼽힌다. 이밖에도 '플라잉 V', 'SG' 등이 뮤지션들로부터 꾸준히 사랑받고 있다.

화려한 역사를 자랑하는 깁슨은 그러나 최대 5억 달러의 부채를 갚지 못해 파산보호신청을 했다. 깁슨이 이 지경까지 온 것은 2014년 필립스Philips로부터 인수한 홈 엔터테인먼트 사업부문의 실적이 부진했기 때문이란 분석이 많다. 그러나 이는 표면적인 이유다.

근본적인 이유는 록 음악의 몰락에 있다. 애초에 깁슨이 홈 엔터테인먼트로 사업을 확장하면서 '뮤직 라이프스타일 회사'를 표방한 것도 기타 판매 만으로는 성장이 어렵다고 판단했기 때문이다.

시장조사업체 아이비스월드IBISWorld는 2018년 5억 4200만 달러 규모인 미국 일렉트릭 기타 시장이 2022년까지 연간 0.1% 성장하는 데 그칠 것으로 전망했다. 그나마 있는 고객은 어른들이 대다수고, 일렉트릭보다 어쿠스틱 기타가 더 많이 팔리는 게 현실이다.

기타의 몰락은 음원 순위에서도 확인된다. 빌보드 싱글 차트에 오른 곡의 절반가량에는 기타 솔로 자체가 없다. 그 자리를 차지한 것은 랩 피처링이다. 심지어 록을 표방하는 노래에도 랩 피처링이 등장하는 세상이다. 1950년대 이후 대중음악의 중요한 악기였던 일렉트릭 기타가 사상 처음으로 설 자리를 잃은 것이다.

대중음악 전문지 디지털 뮤직 뉴스Digital Music News는 "한때 기타 시장 성장을 주도한 젊은 소비자들이 지금은 EDM, 랩, 기타가 덜 등장하는 인디 음악으로 옮겨갔다"고 진단했다.

1990년대까지만 해도 록은 대중음악의 주류였다. 록 뮤지션들은 빌보드 차트와 MTV를 점령하다시피 했다. 수많은 록 키드들이 유명한 기타리스트가 되는 날을 꿈꾸며 기타를 구입하고 밴드를 결성하던 시절이었다. 하지만 힙합과 EDM이 대세가 된 지금은 그런 아이들을 찾아보기 힘들다. 아이돌 댄스 그룹 멤버가 되고 싶은 청소년들에게 기타리스트는 그냥 좀 멋있는 아저씨일 뿐이지 따라 하고 싶은 존재는 아니다.

미국 내시빌의 유명한 기타 딜러인 조지 그룬George Gruhn은 2017년 워싱턴 포스트Washington Post와의 인터뷰에서 "46년 전 기타 가게를 처음 열었을 때는 에릭 클랩튼, 제프 벡, 지미 헨드릭스, 카를로스 산타나, 지미 페이지 등의 영향으로 모든 사람들이 기타의 신이 되고 싶어했다"며 "지금 우리에게 필요한 것은 기타 히어로"라고 말했다.

기타 업계가 주목하는 새로운 기타 히어로는 여성이다.

사실 록의 역사에서 일렉트릭 기타는 남성의 전유물로 여겨져 왔다. 대중음악 전문지 롤링 스톤이 2015년 발표한 '위대한 기타리스트 100명' 가운데 여성은 보니 레이트Bonnie Raitt와 조니 미첼Joni Mitchell 단 두 명뿐이었다. 기타 전문 월간지 기타 월드Guitar World가 2016년에 꼽은 '역대 최고의 기타리스트 30명'에는 여자가 한 명도 포함되지 않았다.

하지만 앞으로는 달라질지도 모르겠다. 깁슨과 함께 양대산맥을 이루는 기타 제조업체 펜더가 2018년 발표한 조사 결과에 따르면 미국과 영국에서 기타를 구입하는 초보 기타리스트의 50%는 소녀들이다.

여성이 기타 시장의 절반을 차지하게 되면서 기타 제조업체의 마케팅 전략도 변했다. 펜더는 기타 구매자 실태에 대한 미국 시장 조사 결과가 나온 이듬해인 2016년 워페인트Warpaint, 불리Bully 등 여성 밴드들을 내세운 프로모션을 진행했다. 그동안 거들떠보지도 않던 뮤지션들을 주목하기 시작한 것이다. 힙합에 의해 죽어가는 록 음악 시장과 기타 업계를 소녀 기타리스트들이 살려낼 것이란 기대도 나온다.

앨리스 쿠퍼 밴드Alice Cooper Band 최초의 여성 리드 기타리스트 니타 스트라우스Nita Strauss는 라우더 사운드Louder Sound와의 인터뷰에서 이렇게 말했다.

"내가 어렸을 땐 여성 기타 히어로가 드물었어요. 그런데 1993년 슈퍼볼 경기에서 마이클 잭슨과 함께 연주하는 기타리스트 제니퍼 바텐Jennifer Batten을 보고 영감을 받았지요. 아주 뚜렷하게 기억해요. 그녀는 금발 머리를 휘날리며 놀라울 정도로 기술적이고 복잡한 솔로를 연주했지요. 난 그걸 보면서 '(여자도) 할 수 있구나'라고 생각했어요. 되고 싶은 사람이 되고, 하고 싶은 일을 하는 것은 이상한 일이 아닙니다."

IV

Moneytalk

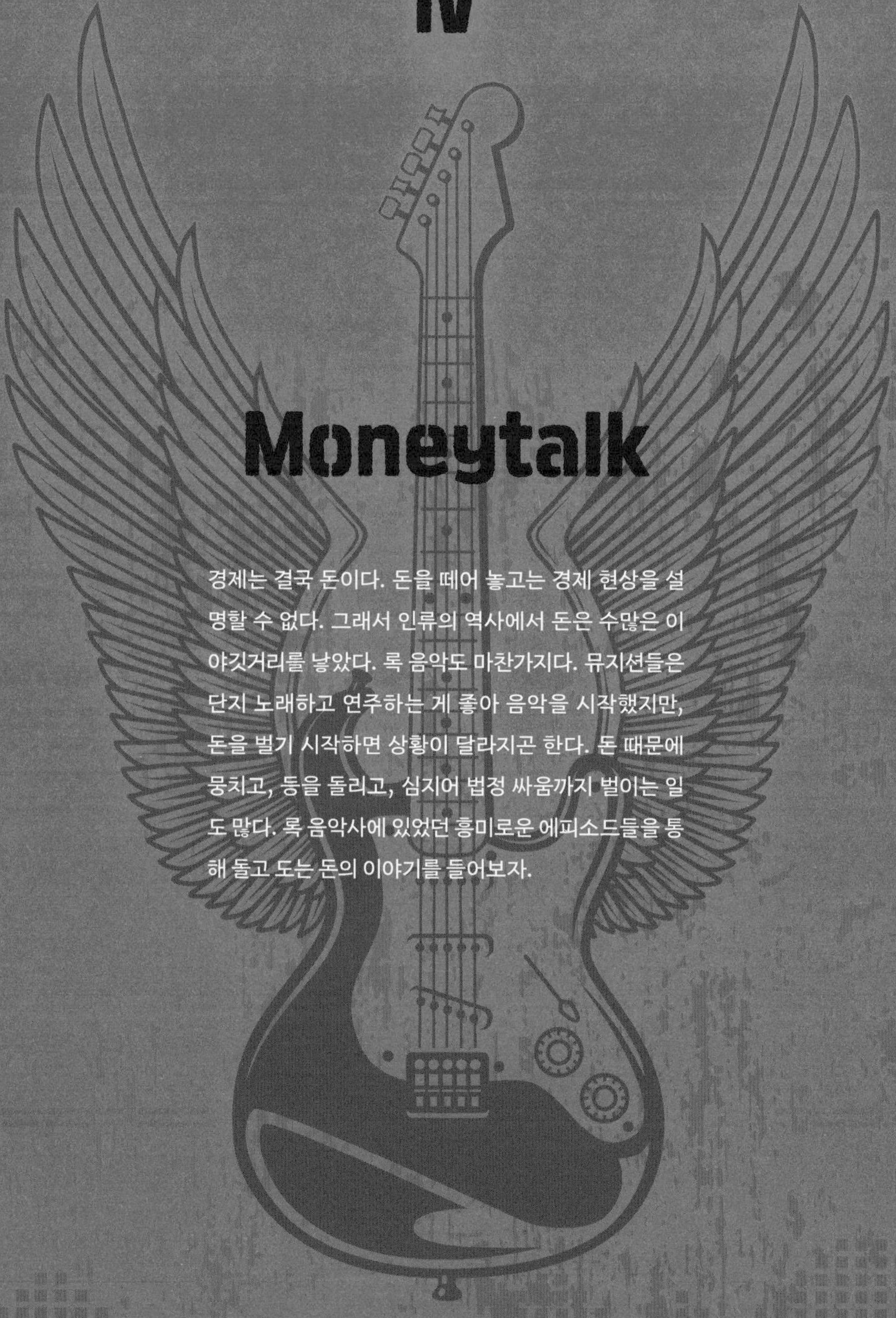

경제는 결국 돈이다. 돈을 떼어 놓고는 경제 현상을 설명할 수 없다. 그래서 인류의 역사에서 돈은 수많은 이야깃거리를 낳았다. 록 음악도 마찬가지다. 뮤지션들은 단지 노래하고 연주하는 게 좋아 음악을 시작했지만, 돈을 벌기 시작하면 상황이 달라지곤 한다. 돈 때문에 뭉치고, 등을 돌리고, 심지어 법정 싸움까지 벌이는 일도 많다. 록 음악사에 있었던 흥미로운 에피소드들을 통해 돌고 도는 돈의 이야기를 들어보자.

★

탐욕이 불러온 반 헤일런의 침몰

이제 모두 옛날 얘기가 됐다. 미국 하드록·헤비메탈 밴드 반 헤일런Van Halen의 기타리스트이자 작곡가, 프로듀서였던 에디 반 헤일런Eddie Van Halen이 2020년 10월 6일 암 투병 끝에 세상을 떠났다. 1970년대 말 그야말로 혜성처럼 등장해 록 음악계에 충격을 안겨줬던 에디 반 헤일런은 역사의 한 페이지로 남게 됐다.

그가 이끌었던 밴드 반 헤일런은 12장의 스튜디오 앨범을 통해 전 세계에서 8000만 장이 넘는 판매고를 올렸다. 이 중 '1984'를 비롯한 5개 앨범은 미국에서만 1000만 장 이상씩 팔렸다. 1983년에 발표한 "Jump"가 빌보드 싱글 차트 1위에 올랐고, 빌보드 메인스트림 록 차트 1위에 오른 곡은 총 13개에 달한다.

그러나 역사상 가장 성공한 기타리스트 중 한 명으로 꼽히는 에디 반 헤일런에게도 위기는 있었다.

위기는 탐욕에서 비롯됐다. 마이클 잭슨의 "Beat It" 기타 솔로를 '공짜로' 녹음해줬던 그가 돈을 밝혔으리라고는 쉽게 상상하기 어렵다. 하지만 에디 반 헤일런의 매니저로 활동했던 노엘 몽크Noel Monk의 회고록을 읽어보면 밴드의 성공이 멤버들을 어떻게 변화시켰는지 알 수 있다.

여느 밴드와 마찬가지로 반 헤일런도 단지 음악이 좋아 모인 젊은이들이었다. 에디 반 헤일런(기타), 알렉스 반 헤일런Alex Van Halen(드럼), 데이비드 리 로스David Lee Roth(보컬), 마이클 앤서니Michael Anthony(베이스)는 1970년대 중반 미국 LA의 유명 클럽인 '위스키 어 고 고' 등에서 연주를 하며 인지도를 쌓았다.

반 헤일런은 출발부터 운이 좋은 편에 속했다. 이들은 메이저 음반 회사 워너 브러더스 레코드의 모 오스틴Mo Ostin 회장에게 직

반 헤일런의 'Van Halen'

접 발탁돼 1978년 첫 앨범 'Van Halen'을 발표했다. 록 역사에서 가장 중요한 앨범 가운데 하나로 꼽히는 반 헤일런의 데뷔 앨범은 발매 직후 빌보드 앨범 차트 19위에 오르는 대성공을 거뒀다.

문제는 '노예 계약'이었다. 반 헤일런의 데뷔 앨범은 발매 몇 달 만에 플래티넘(100만 장 판매)을 기록할 정도로 인기를 끌었는데도, 멤버들은 돈을 손에 쥐지 못했다. 오히려 활동을 할수록 회사에 갚아야 하는 빚이 늘어나는 구조였다. 심지어 워너 브러더스는 반 헤일런이 2년마다 '똑같은' 조건으로 '평생' 계약을 갱신하도록 하고 있었다.

결국 반 헤일런은 로드 매니저였던 노엘 몽크를 새 매니저로 고용해 잘못을 바로잡기로 했다. 몽크의 첫 번째 임무는 반 헤일런이 과거 무명 시절에 워너 브러더스와 체결했던 노예 계약에서 벗어나도록 하는 것이었다. 몽크는 "레코드 회사에 로열티와 회계 장부를 요구하는 서류를 끊임없이 제출해서 그들은 나를 지긋지긋하게 여겼다"고 회고했다.

드디어 기다리던 일이 일어났다. 몽크가 보내는 서류들에 질려버렸던 탓인지 워너 브러더스가 반 헤일런과의 재계약 시기를 놓쳐 버린 것이다. 몽크는 기다렸다는 듯이 워너 브러더스의 모 오스틴 회장과 만난 자리에서 반 헤일런이 이제 '자유의 몸'이 됐다는 소식을 전했다. 그리고 진행된 재계약 협상을 통해 몽크는 반 헤일런 멤버들이 곧바로 백만장자가 될 수 있도록 만들었다.

몽크의 수완은 뛰어났다. 1983년 5월 29일부터 6월 4일까지 열린 'US 페스티벌' 당시에는 주최측과 협상해 반 헤일런보다 높은 출연료를 받는 밴드가 없도록 한 일화는 유명하다. 반 헤일런은 이 페스티벌에서 단 1회 공연으로 150만 달러를 받았다.

몽크에 따르면 반 헤일런의 위기는 이때부터 시작됐다. 손에 돈이 들어오고 여자와 술과 마약을 마음껏 접할 수 있게 되면서 멤버들 사이에 불화가 싹텄다. 서로 더 많은 돈을 가져가겠다고 주장하기에 이른 것이다. 무명 시절 밴드의 수입을 4명이 똑같이 나누기로 했던 약속은 깨져버렸다.

갈등의 두 축은 보컬리스트인 데이비드 리 로스와 리더이자 기타리스트인 에디 반 헤일런이었다. 그런데 이들은 밴드의 작곡가였고, 가장 인기가 높은 멤버들이었다. 두 사람이 없는 반 헤일런은 있을 수 없었다. 알렉스 반 헤일런은 동생 에디의 보호를 받았다. 갈등과 불화의 희생양으로 선택된 것은 베이시스트였던 마이클 앤서니였다. 멤버들은 앤서니를 불러 음반의 로열티를 포기할 것을 요구했다. 당시는 반 헤일런의 상업적 성공이 정점에 이르렀던 앨범 '1984'를 발표한 직후였다.

반 헤일런의 탐욕은 여기에 그치지 않았다. 밴드에게 막대한 부를 안겨다 준 매니저 노엘 몽크를 해고하기에 이르렀다. 그가 밴드 수입의 20%를 가져가는 것이 못마땅했던 것이다. 반 헤일런은 7년 동안 몽크와 일하면서 월 단위로 계약을 갱신했던 것도 모자라, 해고할 때는 7년간의 회계장부를 들여다보며 매니저의 횡령이 있었는지를 조사하기도 했다고 한다. (물론 해고당한 옛 매니저의 주장을 그대로 믿기는 어려운 부분도 있다.)

밴드 멤버의 로열티를 빼앗고 매니저를 해고한 것으로도 갈

등은 봉합되지 않았다. 데이비드 리 로스는 '1984 투어' 직후 반 헤일런을 탈퇴했다. 밴드의 사운드, 이미지, 스케쥴 등과 관련해 에디 반 헤일런과의 주도권 싸움 끝에 탈퇴한 것으로 알려져 있지만, 솔로 활동을 하면 수입을 나누지 않고 더 많은 돈을 벌 것이라는 계산 때문이었다는 얘기도 있다. 실제로 많은 보컬리스트들이 이러한 이유로 밴드를 탈퇴한다.

반 헤일런은 새미 헤이거Sammy Hager, 게리 셰론Gary Cherone을 새로운 보컬리스트로 차례로 영입해 계속 활동했다. 하지만 "Eruption"의 혁신도 "Jump"의 인기도 재현되지 못했다. 로스를 다시 받아들여 2012년 내놓은 12집 'A Different Kind of Truth'는 웬만한 팬이 아니라면 발표됐다는 사실도 모르는 경우가 많다. 돌이켜 보면 반 헤일런은 커리어의 정점에서 서서히 침몰했고, 침몰의 원인이 된 갈등의 중심에는 돈이 있었던 셈이다.

그래서 에디 반 헤일런은 평생 얼마나 많은 돈을 벌었을까? 유명인들의 자산 가치를 평가하는 셀레브리티 넷 워스Celebrity Net Worth에 따르면 에디의 사망 직전 자산 가치는 1억 달러로 추산됐다. 그의 유명세에 비하면 적은 돈이라는 평가가 있는 반면, 록 기타리스트로서 이만한 부를 쌓은 사람도 드물다는 반론도 있다.

다만 에디 반 헤일런 스스로는 자신의 생애가 꽤 만족스러웠던 것 같다. 네덜란드 태생인 그는 지난 2015년 스미스소니언 미국사 박물관에서 열린 한 행사에서 "우리 가족은 약 50달러와 한 대의 피아노를 갖고 이곳에 왔다. 그리고 우리는 영어도 할 줄 몰랐다. 하지만 지금 우리가 있는 곳을 보라. 이것이 아메리칸 드림이 아니라면 무엇이겠느냐"라고 말했다.

반 헤일런 디스코그래피
Van Halen (1978)
Van Halen II (1979)
Women and Children First (1980)
Fair Warning (1981)
Diver Down (1982)
1984 (1984)
5150 (1986)
OU812 (1988)
For Unlawful Carnal Knowledge (1991)
Balance (1995)
Van Halen III (1998)
A Different Kind of Truth (2012)

★

세금이 무서워 도망친 뮤지션들

비틀즈는 1960년대에 가장 유명한 밴드였다. 존 레논의 말처럼 예수보다 더 유명하진 않았을지 몰라도 적어도 이들을 모르는 사람은 드물었다. 멤버들은 20대의 젊은 나이에 어마어마한 소득을 올렸다.

문제는 세금이었다. 비틀즈가 활동하던 당시 영국의 소득세율은 최고 95%에 달했다. 인기에 도취해 있던 비틀즈는 어느 순간 세금이 아깝다는 생각을 하기 시작했다. 오죽했으면 "Taxman"이라는 곡을 통해 조세제도의 불공평함을 노래하기도 했을까?

비틀즈의 멤버였던 조지 해리슨George Harrison은 1980년 자서전 『I, Me, Mine』에서 "우리는 돈을 벌기 시작했지만, 번 돈의 사실상 대부분을 세금으로 내고 있다는 것을 깨달았다"고 이 곡을 쓴 배경을 회고했다.

세금 문제는 비틀즈만의 고민이 아니었다. 그 당시 영국에서 활동하던 인기 뮤지션들은 모두 가혹한 세금 때문에 고통받았다. 1970~1980년대 들어 일부 뮤지션들은 '세금 폭탄'을 피해 아예 외국으로 도피하기도 했다.

롤링 스톤즈가 대표적이다. 1960년대에 비틀즈와 함께 양대 산맥을 이루던 록 밴드 롤링 스톤즈는 1971년에는 파산 직전까지 갔다. 잘못된 계약이 주된 이유였지만 세금 문제도 컸다. 결국 롤링 스톤즈는 세금을 피하기 위해 본거지를 프랑스로 옮겼다. 이들의 유명한 앨범 'Exile on Main St.'는 프랑스에서 녹음됐다.

롤링 스톤즈의 기타리스트 믹 재거는 2010년 인터뷰에서 이 같은 도피의 이유에 대해 "당시 100파운드를 벌면 그들(영국 국세청)이 90파운드를 가져가 빚을 갚기도 힘들었다"며 "영국을 떠나자 100파운드 가운데 50파운드 정도는 가질 수 있었다"고 설명했다.

롤링 스톤즈의 'Exile on Main St.'

글램 록 스타 데이비드 보위는 영국을 떠나 미국으로 이주했지만, 미국의 세금도 만만치 않았다. 그는 1976년, 또다시 스위스로 망명했다. 보위의 전 부인 안젤라Angela는 회고록에서 "만약 데이비드가 캘리포니아에 거주했다면 그에게 있지도 않은 30만 달러의 세금을 냈어야 했다"며 "스위스에선 세율이 10% 정도 밖에 되지 않았다"고 밝혔다.

이들 외에도 수많은 뮤지션들이 세금 회피를 목적으로 영국을 버렸다. 마크 볼란Marc Bolan은 스위스로, 캣 스티븐스Cat Stevens는 브라질로, 링고 스타Ringo Star는 몬테카를로로 각각 거주지를 옮겼다. 폴리스Police의 리드 싱어였던 스팅Sting은 1978년 "나는 세금 망명자가 되길 원치 않아요I don't wanna be no tax exile"라고 노래하더니, 2년 뒤 아일랜드로 이주했다.

물론 인기 음악인들의 '조세 피난'에 대한 자국 내 여론은 좋지 않았다. 로드 스튜어트Rod Stewart가 1975년 미국으로 건너가자 영국 언론과 동료 뮤지션들은 그를 '배신자'라고 비난했다. 엘튼 존은 로드 스튜어트와의 만남에서 엘가Sir Edward William Elgar의 '위풍당당 행진곡Pomp and Circumstance Military Marches' 음악을 크게 틀어 대화를 거부했다는 일화도 있다.

과거에 비해 세율이 낮아진 요즘도 많은 영국 뮤지션들은 세금을 내지 않는 방법을 찾고 있다. 다만 달라진 점은 다른 나라로 떠나지 않는다는 것이다. 밴드를 법인화해 네덜란드, 룩셈부르크, 영국령 버진아일랜드 등 조세 피난처에 등록하는 방법이 널리 사용되고 있다고 한다.

★

로큰롤 DJ가 돈을 버는 방법

최초의 로큰롤 노래가 무엇이었느냐는 질문은 대중음악계가 영원히 풀지 못할 문제일지도 모른다. 다만 로큰롤이라는 용어를 널리 알린 인물로는 단연 앨런 프리드가 꼽힌다.

앨런 프리드는 미국 미시시피주 클리브랜드 소재 WJW 라디오의 DJ였다. 그는 1951년 7월 11일부터 자신의 별명 '문도그Moondog'를 딴 심야 프로그램 '더 문도그 하우스 로큰롤 파티The Moondog House Rock and Roll Party'를 진행하면서 흑인들이 연주한 R&B를 집중적으로 소개했다. 그런데 템포가 빠른 곡을 소개할 때는 종종 '로큰롤'이라고 외쳤다. 프리드는 로큰롤이 음악 장르로 발전하기도 전에 로큰롤이라는 용어를 대중화시킨 셈이다.

열광적인 청취자층을 바탕으로 프리드는 1952년 3월 21일 클리블랜드에서 '문도그 대관식 무도회Moondog Coronation Ball' 콘서트를

앨런 프리드

성공적으로 개최한 데 이어 1954년에는 뉴욕으로 진출해 로큰롤 전도사로서의 활동 무대를 넓혀갔다. 미국 주간지 라이프는 1955년 4월 18일자 기사에서 앨런 프리드를 "로큰롤 열광을 주도한 인물"이라고 묘사하기도 했다.

그러나 앨런 프리드의 인기는 안타깝게도 타락의 길로 이어졌다.

라디오는 1950년대에 대중음악을 접할 수 있는 거의 유일한 미디어였다. 그래서 앨런 프리드 같은 인기 DJ가 틀어주는 음악은 음반 판매에 직접적인 영향을 미쳤다. 음반 회사들은 이 점을 주목했다. DJ에게 뇌물을 주고 대가로 음악을 틀어주는 것을 요구한 것이다. 이른바 '페이올라payola'라는 관행이다. 페이올라는 돈을 지불한다는 의미의 'pay'와 축음기 이름인 'Pianola',

'Victrola', 'Amberola' 등을 합성한 단어이다. 한 마디로 '돈을 내면 음악이 나온다'는 뜻을 담고 있다.

페이올라는 대중음악 업계에서 오래된 관행이었지만 로큰롤이 대중화되면서 더욱 기승을 부렸다. 현금 외에도 주식을 주거나 심지어 마약을 상납하는 경우도 있었다. 일부 DJ들은 인기 가수의 노래에 공동 작곡가로 이름을 허위로 올리고 저작권료를 받아 챙기기도 했다. 척 베리의 인기곡 "Maybellene"의 공동 작곡자로 앨런 프리드가 등재됐다는 사실은 유명하다.

결국 미국 상원은 페이올라 조사위원회를 구성하고 DJ와 음반 회사의 뒷거래를 파헤치기 시작했다. 대중음악 역사상 가장 수치스러운 날로 기록된 1960년 2월 8일에 열린 첫 청문회에는 앨런 프리드가 소환됐다. 청문회 질의와 검찰 조사 과정에서 프리드는 음반 회사 여섯 곳으로부터 총 3만650 달러를 받은 것으로 드러났다.

이른바 '페이올라 스캔들Payola Scandal'로 불리는 이 사건은 미국 사회를 큰 충격에 빠뜨렸다. 소문으로만 들어왔던 검은 거래가 사실로 확인되면서 대중은 그동안 조작된 인기 순위에 우롱당했다는 것을 깨달았다. 로큰롤 전도사 앨런 프리드는 하루 아침에 범죄자 신세가 됐다. 그는 벌금을 낸 뒤 집행유예로 풀려났지만, 그 이후의 삶은 악몽과도 같았다.

앨런 프리드는 다시 DJ 자리를 얻기 위해 지방 도시를 전전했다. 하지만 이미 범죄자로 낙인찍힌 그를 어느 방송국도 받아주지 않았다. 프리드는 과거의 영광을 그리워하며 술독에 빠져 살았다. 그리고 1965년 1월 20일 알코올 중독으로 인한 요도증으로 사망했다. 그의 나이 43세였다.

떠들썩했던 페이올라 스캔들 이후에도 검은 거래는 근절되지 않았다. DJ들이 프로그램 편성 권한을 상실하고 방송국 소속 프로그램 디렉터PD들이 편성권을 갖게 되자 음반 회사들은 방송국과 직접 거래하기 시작했다. 음반 회사 입장에서는 더 쉬운 일이 됐다. 수많은 DJ들에게 뇌물을 주는 대신 몇몇 방송국 경영진과 유명 PD들만 상대하면 됐기 때문이다.

지난 2005년 7월 뉴욕 검찰은 세계적 음반 회사인 소니 BMGSony BMG에 벌금 1000만 달러를 부과했다. 소니 BMG는 PD들에게 여행상품권, 텔레비전, 노트북 컴퓨터, 운동화 등을 선물한 대가로 브리트니 스피어스 등 소속 가수들의 노래를 더 많이 방송하도록 했다는 혐의가 확인됐다. 같은 해 11월에는 워너 뮤직 그룹Warner Music Group이 같은 혐의로 500만 달러 벌금을 물었고, 이듬해 5월에는 유니버설 뮤직 그룹Universal Music Group이 1200만 달러 벌금을 부과받았다.

2007년 9월 미국 의회에서 열린 음악산업 관련 청문회에서 미디어 감시단체인 인더스트리 이어즈Industry Ears의 리사 페이저 베디아코Lisa Fager Bediako 대표는 "페이올라는 더 이상 지역 방송국 DJ가 음악을 틀어주는 대가로 몇 달러를 받는 것이 아니라, 이제 조직적인 기업 범죄가 됐다"고 주장했다.

한국에도 페이올라 관행은 존재했다. 이미 1960년대부터 새 노래가 나오면 작곡가가 가수를 데리고 방송국 DJ들에게 인사를 다니며 촌지를 돌리는 게 당연하게 여겨졌다고 한다. 그래야 노래가 전파를 타고 음반이 팔렸기 때문이다.

음성적으로 이뤄지던 한국판 페이올라는 1980년대 말 대중에 알려지면서 가요계를 발칵 뒤집어 놓았고, 2002년에도 검찰 수사 결과 수많은 연예계 및 방송계 종사자들이 구속됐다. 이런 역사를 거치면서 많이 투명해지긴 했지만, 한국이나 미국이나 지금도 연예계와 방송사의 뒷거래가 있다는 의혹은 사라지지 않는다.

★

재주는 엘비스가 부리고 돈은 파커가 챙겼다

미국 경제지 월스트리트저널The Wall Street Journal은 1956년 12월 31일자 기사에서 "오늘날 엘비스 프레슬리는 하나의 사업체"라고 평가했다.

엘비스 프레슬리의 경제적 가치가 도대체 어느 정도이길래 이런 표현이 나왔을까? 미국 음악업계 관계자들의 말을 종합해보면, 엘비스는 전성기 때 공연 등 별다른 활동을 하지 않아도 연간 500만 달러씩 벌었다고 한다. 어머니에게 선물로 드리기 위해 단돈 4달러를 내고 첫 노래를 녹음했던 시골 청년은 그렇게 재벌이 됐다.

그러나 1977년 8월 16일 엘비스가 사망했을 때 그의 통장에는 500만 달러만 남아 있었다. 오늘날 가치로 환산하면 2000만 달러, 한국 돈으로 약 240억 원이다. 그의 저택 '그레이스랜드

커널 톰 파커(왼쪽)와 엘비스 프레슬리.
(출처: GAB Archive/Redferns)

Graceland'와 그가 수집한 자동차들의 가치는 포함되지 않은 금액이지만, 엘비스의 인기에 비해 적은 돈이 아니냐며 고개를 갸우뚱하는 사람도 적지 않다. 한국의 어느 엔터테인먼트 회사 회장의 재산이 2000억 원이 넘는다고 하니 그럴만도 하다.

사실 엘비스는 많이 버는 만큼 많이 쓰기도 했다. 그의 상징과도 같은 흰색 점프슈트는 디자인에 따라 2000~2300달러를 주고 맞췄다. 1주일 동안 보석을 사느라 8만5680 달러를 썼다는 기록도 있다. 자동차와 제트기, 저택을 구입하는 데에도 어마어마한 돈을 썼다.

엘비스가 평생 모은 돈이 생각보다 적은 것은 세금 때문이기도 하다. 1950년대 중반 엘비스와 같은 미국의 고소득층에 적용되는 소득세율은 90%에 달했기 때문이다. 현재 미국에서 연소득 41만5000달러 이상 개인에게 부과되는 소득세율이 39.6%라는 점을 고려하면 그가 얼마나 많은 세금을 냈는지 짐작할 수 있다.

일부 팬들은 엘비스의 매니저인 커널 톰 파커Colonel Tom Parker가 돈을 빼돌린 것이나 다름없다고 보고 있다. 당시 다른 매니저들이 수익의 10~15%를 가져가던 것에 비해 파커는 최대 50%를 챙겼다고 한다. 다만 엘비스는 생전 인터뷰에서 "파커가 아니었다면 나는 이렇게 클 수 없었을 것이다. 파커는 똑똑한 사람이다"라며 오히려 그에게 감사를 표시했다.

실제로 파커는 돈벌이에 밝았다. 1956년 엘비스가 20세기 폭스20th Century Fox와 영화 출연 계약을 체결할 때의 일화는 유명하다. 영화사가 파커와 협상을 거듭하다 지쳐 "2만5000 달러면 괜찮겠느냐?"고 묻자 파커는 "난 그거면 되지만, 그 아이(엘비스) 몫은요?"라고 물어 더 많은 돈을 받아냈다. 이렇게 계약을 체결해 엘비스가 출연한 첫 영화는 'Love Me Tender'였다.

엘비스 사망 직후 기자들이 파커에게 앞으로 무엇을 할 것이냐고 묻자 그는 "나는 그저 계속해서 엘비스의 매니저를 할 것"이라고 답했다. 그리고는 멤피스에서 열린 엘비스의 장례식 직후 밤 비행기를 타고 뉴욕으로 날아가 엘비스 기념품 판매 계약을 체결하는 사업 수완을 발휘하기도 했다.

엘비스 역시 사망한 지 40년도 더 지난 지금까지 돈을 벌고 있다. 미국 경영전문지 포브스에 따르면 엘비스는 2014년 한 해 동안에만 5500만 달러를 벌었다. 생전 평생 모은 돈보다 더 많은 금액이다. 그가 살던 저택 그레이스랜드 입장료 수입과 끊임없이 발생하는 음원 판매 덕분이다. 엘비스의 재산을 관리하는 엘비스 프레슬리 엔터프라이즈EPE의 자료를 보면, 한 해 평균 50만 명이 그레이스랜드를 방문하며, 기일에 맞춰 열리는 촛불집회에는 매년 3만~5만 명이 참석한다. EPE는 2017년 엘비스 프레슬리 사망 40주기를 맞아 그레이스랜드 방문객들에게 입장료를 더 받기로 해 논란이 되기도 했다.

사망한 엘비스가 버는 돈은 누구에게 돌아갈까? EPE의 지분은 2013년 11월부터 라이센싱 회사인 오센틱 브랜즈 그룹ABG이 85%를 보유하고 있고, 나머지 지분은 엘비스의 딸 리사 마리 프레슬리Lisa Marie Presley가 갖고 있다. 그는 엘비스의 상속 재산으로 월 10만 달러와 건강보험 혜택을 받고 있으며, EPE에서 15%의 배당금을 받고 있다.

엘비스 프레슬리 디스코그래피
Elvis Presley (1956)
Elvis (1956)
Elvis' Christmas Album (1957)
Elvis is Back! (1960)
His Hand in Mine (1960)
Something for Everybody (1961)
Pot Luck (1962)
Elvis for Everyone! (1965)

How Great Thou Art (1967)
From Elvis in Memphis (1969)
From Memphis to Vegas / From Vegas to Memphis (1969)
That's the Way It Is (1970)
Elvis Country (I'm 10,000 Years Old) (1971)
Love Letters from Elvis (1971)
Elvis sings The Wonderful World of Christmas (1971)
Elvis Now (1972)
He Touched Me (1972)
Elvis (1973) (The "Fool" Album)
Raised on Rock / For Ol' Times Sake (1973)
Good Times (1974)
Promised Land (1975)
Today (1975)
From Elvis Presley Boulevard, Memphis, Tennessee (1976)
Moody Blue (1977)

★

프레디 머큐리의 재산을 증여받은 그녀

영국 록 밴드 퀸Queen의 보컬리스트였던 프레디 머큐리Freddie Mercury는 훌륭한 음악성 만큼이나 동성애자라는 성 정체성으로 유명하다. 머큐리는 동성애가 원인으로 추정되는 후천성면역결핍증(에이즈)으로 사망한 첫 메이저 록 뮤지션이기도 하다.

하지만 프레디 머큐리에게는 동성 애인뿐 아니라 메리 오스틴Mary Austin이라는 여자친구도 있었다. 프레디와 메리의 인연은 영화 '보헤미안 랩소디'(2018)를 통해서도 소개됐다.

두 사람은 퀸의 기타리스트 브라이언 메이Brian May의 소개로 1969년에 처음 만났다. 당시 24살과 19살이었던 프레디와 메리는 곧 연인이 되어 약 6년 동안 함께 살았다. 이때는 프레디가 자신의 성 정체성을 자각하기 전이었다. 심지어 1973년 크리스마스에 프레디는 메리에게 청혼하기도 했다. 메리는 곧바로 수락했지만,

메리 오스틴(왼쪽)과 프레디 머큐리
(출처: Dave Hogan/Getty Images)

프레디는 이후 결혼에 대한 말을 꺼내지 않았다고 한다.

그러던 1976년 어느 날 프레디는 메리에게 자신이 양성애자라고 커밍아웃했다. 어느 정도 짐작을 하고 있던 그녀는 "당신은 양성애자가 아니라 동성애자 같다"라고 대답한 것으로 알려졌다. 프레디와 메리의 육체적 관계는 그날로 끝났다. 메리가 프레디의 아이를 갖고 싶다고 말했지만, 그는 "나는 여전히 당신을 사랑하지만, 사랑을 나눌 수는 없다"라고 거절했다.

하지만 두 사람은 평생 친구로 지냈다. 보통 친구 이상으로 가까운 친구였다. 프레디 머큐리에게 동성 애인이 생겼어도 메리 오스틴은 늘 그의 곁에 있었다. 프레디가 주최하는 파티에선 그의 양옆에 늘 메리와 동성 애인이 각각 앉았다고 전해진다.

프레디 머큐리는 1985년 한 인터뷰에서 "내 애인들은 모두 묻는다. 왜 자신들이 메리를 대체할 수 없느냐고. 하지만 그것은 불가능하다. 내가 가진 유일한 친구는 메리이고, 난 다른 누구도 원치 않는다. 나에게 그녀는 관습법상 아내와도 같다"고 말했다.

프레디 머큐리가 자신의 뮤즈와도 같은 그녀를 얼마나 각별하게 생각했는지는 그의 사망이 임박하면서 점점 분명해졌다.

그는 1991년 사망 직전 유언을 통해 자신이 생전 마지막까지 살았던 영국 런던의 저택 '가든 로지Garden Lodge'를 메리 오스틴에게 증여했다. 에드워드 양식으로 지어진 이 저택은 28개의 방과 대형 정원을 갖추고 있다. 현재 가격은 2000만 파운드(약 294억원)에 달한다. 메리는 아직도 이 집에 살고 있다. 그녀가 직접 골라준 '루이 15세' 가구와 프레디가 "Bohemian Rhapsody"를 비롯한 수많은 곡을 작곡할 때 사용한 그랜드 피아노도 그 자리에 그대로 있다고 한다.

메리 오스틴이 물려받은 것은 저택만이 아니었다. 프레디 머큐리는 그녀에게 자신이 보유하고 있던 재산 절반을 줬고, 향후 퀸 음악 저작권으로 발생한 수입 가운데 자신의 몫도 그녀 앞으로 돌려놨다. 퀸 음반이 프레디 머큐리 사후에도 계속해서 팔리고 있다는 점을 고려하면, 메리 오스틴은 지금까지도 어마어마한 돈을 받고 있는 셈이다.

이에 비해 프레디 머큐리의 임종을 지킨 동성 애인 짐 허튼Jim Hutton은 50만 파운드를 물려받는 데 그쳤다. 비서와 요리사에게 남겨진 돈과 같은 액수였다.

프레디 머큐리는 메리 오스틴에게 막대한 부와 함께 큰 비밀도 남겼다. 그는 메리에게 자신이 죽은 뒤 유해를 직접 묻어달라고 부탁하면서 유해를 묻은 장소를 어느 누구에게도 비밀로 해달라고 했다. 유해가 묻힌 장소는 아직까지도 록 역사상 가장 큰 비밀 가운데 하나로 남아있다. 메리는 20년 넘게 지속된 팬들과 언론의 수많은 질문에도 "프레디를 배신할 수 없다"며 입을 열지 않고 있다.

주변 사람들은 왜 애인 짐 허튼이 아닌 전 여자친구 메리 오스틴이 프레디 머큐리의 재산 대부분을 가져가는지 의아하게 생각했다. 당연히 프레디의 가족과 친구들은 물론 밴드 멤버들도 그녀가 증여받는 재산을 탐탁지 않게 여겼다고 한다.

메리 오스틴은 지난 2000년 한 인터뷰에서 "프레디가 죽고 난 후 몇 달 동안은 내 인생에서 가장 외롭고 힘든 시간이었다. 나는 그가 떠났다는 사실과 그가 나에게 남긴 모든 것들을 받아들이는 데 어려움을 겪었다"며 그동안의 마음고생을 회고했다.

사실 프레디 머큐리가 왜 메리 오스틴에게 이토록 큰 재산을 물려주고 떠났는지는 그가 죽기 직전 그녀에게 한 말에 잘 표현돼 있다. 그의 재산을 둘러싼 모든 논란과 여러 논쟁을 무의미하게 만드는 유언이었다.

"당신이 내 아내였더라면 이것은 어쨌든 당신의 것이었을 거예요."

프레디 머큐리에게는 짐 허튼 외에도 몇 명의 동성 애인이 더 있었다. 단지 하룻밤을 같이 보낸 남자는 수백 명에 이른다는 주장도 있다. 하지만 세상을 떠나기 직전의 행적으로 미뤄보면, 그의 진정하고 유일한 "Love of My Life"는 메리 오스틴이 아니었을까?

퀸 디스코그래피
Queen (1973)
Queen II (1974)
Sheer Heart Attack (1974)
A Night at the Opera (1975)
A Day at the Races (1976)
News of the World (1977)
Jazz (1978)
The Game (1980)
Flash Gordon (1980)
Hot Space (1982)
The Works (1984)
A Kind of Magic (1986)
The Miracle (1989)
Innuendo (1991)
Made in Heaven (1995)

★

단돈 1달러가 바꿔놓은 MTV의 운명

"신사 숙녀 여러분, 로큰롤!"

1981년 8월 1일. 대중음악 역사에 거대한 획을 그은 사건이 있었다. 미국 뉴욕을 기반으로 한 MTV의 공식 개국이었다. 존 랙John Lack 부회장의 유명한 인사말에 이어 영국 뉴웨이브 밴드 버글스The Buggles의 "Video Killed the Radio Star"라는 상징적인 제목의 뮤직비디오가 방영됐다. 기술의 발전과 경제적 풍요로움 덕분에 바야흐로 음악을 '보는' 시대가 열린 것이다.

하지만 MTV가 처음부터 승승장구한 것은 아니다. 초기에는 24시간 방영할 뮤직비디오를 확보하는 데 어려움이 있었다. 어느 누구도 공짜로 뮤직비디오를 제공하길 꺼렸기 때문이다. 이러한 이유에서 MTV는 개국 초기에 208개의 뮤직비디오를 반복해서 틀어줄 수밖에 없었다. 심지어 이 가운데 16개는 로드 스튜어트

MTV로고

Rod Stewart 노래였다.

그러나 MTV에 뮤직비디오가 방영되면 음반 판매 증가로 이어진다는 사실이 입증되자 너도나도 MTV에 뮤직비디오를 공급하기 시작했다. 실제로 버글스의 앨범은 MTV 효과로 인해 미국 곳곳에서 품절 사태를 빚었다.

문제는 MTV가 남 좋은 일만 시켜준다는 점이었다. 뮤직비디오를 틀어주고 레코드 판매가 늘어나도 MTV가 얻는 게 없었다. 신생 케이블 채널이라는 점에서 좀처럼 광고가 붙지 않는 게 가장 큰 고민이었다. 이를 해결하기 위해선 더 많은 지역 케이블 TV에 채널을 확보해야 했다. 그래서 MTV는 광고 전문가인 조지 로이스George Lois를 영입했다. 그가 고안해 낸 광고문구는 "난 MTV를 원해요I want my MTV"였다. 시청자들이 케이블 TV 회사에 전화를 걸어 MTV를 추가해 달라고 요구할 때 이렇게 외치라는 의미였다. 채널이 어느 정도 확보되면 기업들의 광고도 자연스럽게 따라올 것이란 계산이었다.

이제 남은 과제는 광고문구를 유행시킬 유명인사를 섭외하는 일이었다. 로이스는 롤링 스톤즈의 믹 재거를 점찍었다. MTV는 믹 재거를 설득하기 위해 프로그램 총괄인 레스 가랜드Les Garland를 보냈지만, 협상은 쉽지 않았다.

재거는 "우리 밴드는 광고를 찍지 않는다"며 단박에 거절했다. 가랜드도 물러서지 않았다. 그는 롤링 스톤즈가 투어 스폰서인 향수 회사 조반Jovan과 계약했을 때 다수의 광고가 포함됐다는 점을 지적했다. 그러자 재거는 말을 바꿔 "조반이 돈을 많이 줬다"고 했다. 여기서 가랜드는 승부수를 던졌다. 그는 1달러 지폐를 책상에 던지듯 내려놓으며 "당신은 돈만 주면 광고를 한다는 말이냐. 그렇다면 이걸 받아라"라고 말했다.

믹 재거는 1달러 지폐를 물끄러미 바라보다 미소를 지으며 답했다. "당신, 마음에 드네요. 광고 출연할게요."

이로써 재거는 MTV 광고에 출연하게 됐다. 재거 이후 빌리 아이돌Billy Idol, 데이비드 보위, 마돈나 등이 광고에 줄줄이 출연해 "난 MTV를 원해요"라고 외쳤다.

효과는 즉각적이었다. MTV 채널이 전국 곳곳에 방영되면서 시청자는 폭발적으로 증가했고, 프로그램에 기업 광고가 붙기 시작했다. MTV의 매출은 치솟았다. MTV는 그로부터 약 20년간 인터넷 시대가 도래하기 전까지 대중음악 시장을 지배하다시피 했다. 믹 재거가 받은 출연료 1달러가 대중음악의 역사를 바꿔놓은 셈이다.

★

'악마의 뿔' 제스처 상표권자는 누구?

록 뮤지션들이 주먹을 쥔 상태에서 집게손가락과 새끼손가락을 위로 편 손 모양을 하는 것은 흔히 볼 수 있는 제스처다. 이른바 '악마의 뿔'을 형상화한 것이다. 일부 뮤지션들은 여기에 더해 엄지손가락을 옆으로 펴기도 한다. 어느 쪽이든 로커의 트레이드 마크로 자리잡은 지 오래다.

그런데 최근 한 뮤지션이 이 손 모양을 진짜 트레이드 마크로 등록하려고 시도하는 해프닝이 있었다.

미국 하드록 밴드 키스의 진 시몬즈는 2017년 6월 9일 미국 특허청USPTO에 275달러를 내고 '집게손가락과 새끼손가락을 위로 펴고 엄지손가락을 수직으로 펴는 손 모양'에 대한 상표권을 출원했다.

음악계는 발칵 뒤집혔다. 로커들의 트레이드 마크인 손 모양에 대한 권리를 특정인이 갖는 것은 말도 안 된다는 반발이 잇따랐다.

상표권 전문 변호사인 마이클 코언Michael Cohen은 로스앤젤레스 타임스Los Angeles Times와의 인터뷰에서 "이 손 모양은 일반화된 것이기 때문에 진 시몬즈의 상표권 출원이 받아들여지긴 매우 어려울 것"이라고 말했다.

그러나 진 시몬즈는 이 손 모양을 자신이 처음 사용했으므로 상표권을 소유해야 한다는 입장을 굽히지 않았다. 자신의 밴드 키스의 'Hotter Than Hell' 투어 당시인 1974년 11월 14일에 이 손 모양을 처음 사용했으므로 시기적으로 가장 먼저라는 주장이었다.

진 시몬즈는 영국 음악 잡지 클래식 록Classic Rock과의 인터뷰에서 "밴드들이 두 손가락으로 악마의 뿔 인사를 하는 것은 키스

키스의 진 시몬즈

가 시작한 것"이라고 거듭 말했다.

가장 분노한 것은 고故 로니 제임스 디오의 팬들이었다. '악마의 뿔' 손 모양은 디오가 가장 먼저 사용했다는 것이 음악계의 정설로 받아들여지고 있기 때문이다.

디오의 미망인 웬디Wendy는 시몬즈의 주장에 대해 "이런 식으로 돈을 벌려고 하는 것은 역겨운 짓"이라며 "그것(악마의 뿔 손 모양)은 모두의 것이고, 어느 누구에게 속하는 것이 아니다. 그것은 공공의 소유이며 상표권을 등록해선 안 된다"고 했다.

진 시몬즈는 '악마의 뿔'을 디오가 가장 먼저 시작했다는 주장에 대해 "디오가 내 면전에 그런 말을 하는 걸 들은 적이 있다. 그래서 난 '신의 축복이 있기를'이라고 답해줬다"며 "그에게 나쁜 감정을 갖고 있는 건 아니지만, 그가 틀렸다고 생각한다"고 맞섰다.

그러면서 시몬즈는 "내 것(손 모양)은 엄지 손가락을 펴는 것"이라며 디오의 손 모양과 다르다는 점을 지적하고, "내 것은 스파이더맨에 대한 오마주"라고 말하기도 했다. 스파이더맨이 거미줄을 쏠 때의 손 모양과 같다는 설명이었다.

때아닌 '악마의 뿔' 논란은 진 시몬즈가 돌연 상표권 출원을 취하하면서 열흘 남짓 만에 해프닝으로 끝났다. 그가 상표권을 포기한 이유는 알려지지 않았다. 다만 시몬즈가 전 세계적으로 통용되는 손 모양을 통제할 수 없다는 점이 한 이유로 작용했을 것으로 보인다.

상표권을 유지하기 위해선 '악마의 뿔' 손 모양을 사용하는 뮤지션들에 대해 법적 조치를 취해야 한다. USPTO는 상표권 침해에 대한 법적 조치가 없을 경우 권리를 포기한 것으로 간주하기 때문이다. 하루에도 수많은 뮤지션들이 이 제스처를 한다는 점을 고려하면 시몬스의 시도는 처음부터 불가능한 일이었던 셈이다.

한편 '악마의 뿔' 손모양을 로니 제임스 디오나 진 시몬즈보다 먼저 했던 뮤지션도 있다. 단지 덜 알려졌을 뿐이다. 1969년 비틀즈의 앨범 'Yellow Submarine' 표지와 같은 해 코벤Coven의 'Witchcraft Destroys Minds & Reaps Souls' 뒷면에도 집게손가락과 새끼손가락을 편 손 모양이 등장한다. 일부 뮤지션들은 '악마의 뿔'이 아닌 다른 의미로 사용하기도 한다. 일본 헤비메탈 아이돌 그룹인 베이비메탈BABYMETAL이 하는 손 모양은 '여우 신'을 뜻한다고 한다.

★

돈 때문에 법정에 선 로커들

인기 록 스타들은 대형 스타디움에서 열정적인 공연을 펼치지만, 때로는 그들의 열정은 법정으로 무대를 옮기기도 한다. 밴드 메이트와의 불화, 매니저의 비리, 기업과의 갈등까지 이유는 다양하다. 다만 법정 다툼의 본질은 언제나 '돈'이다.

지난 2010년 미국 헤비메탈 밴드 건즈 앤 로지스의 보컬리스트 액슬 로즈는 그의 전 매니저 어빙 에이조프Irving Azoff를 상대로 500만 달러 상당의 손해배상 청구를 했다. 에이조프가 로즈에게 건즈 앤 로지스 재결성을 압박하기 위해 반 헤일런과의 합동 투어 가능성이 있다고 거짓말을 했으며, 앨범 'Chinese Democracy' 홍보에 소극적이었다는 이유였다. 이에 대해 에이조프는 로즈가 수익금을 제대로 배분하지 않았다며 맞고소했다. 두 사람의 진흙탕 싸움은 2012년 양측의 합의로 종결됐다.

영국 록 밴드 비틀즈는 애플을 상대로 상표권 침해 소송을 제기한 적이 있다. 비틀즈가 1968년 설립한 영화사 겸 음반사 애플과 1976년 스티브 잡스Steve Jobs 등이 만든 컴퓨터 회사 애플의 이름이 같은 데서 생긴 분쟁이었다. 컴퓨터 회사 애플은 지난 1980년 첫 번째로 소송을 당한 뒤 '음악 사업을 하지 않는다'는 조건으로 합의하는 데 성공했다. 하지만 애플이 2003년 온라인 음악 서비스인 아이튠즈iTunes를 출범시키자 비틀즈 측은 또다시 소송을 제기했다. 양측은 2007년에 이르러서야 상표권 분쟁을 끝냈다. 구체적인 합의 내용은 공개되지 않았지만, 애플이 비틀즈에 5000만~1억 달러를 지불했을 것이란 얘기가 나온다.

미국 스래시메탈 밴드 메탈리카는 2000년 P2P 업체인 냅스터를 저작권 침해 혐의로 고소했다. 신곡 "I Disappear"의 미완성 버전이 냅스터에서 공유되고 있다는 사실을 발견한 직후였다. 법원이 냅스터가 메탈리카의 음원을 제거할 것을 명령하면서 사건은 마무리됐다. 이후 냅스터를 상대로 한 소송이 이어졌고, 결국 냅스터는 파산했다.

미국 프로그레시브 록 밴드 스틱스Styx는 1999년 재결성을 추진하는 과정에서 소송에 휘말렸다. 스틱스의 리드 싱어였던 데니스 드영Denis DeYoung은 병환을 이유로 재결성 연기를 요청했지만, 나머지 멤버들이 다른 보컬리스트를 내세워 재결성을 강행하자 토미 쇼Tommy Shaw와 제임스 영James Young을 고소했다. 오랜 법정 다툼 끝에 스틱스는 밴드 이름을 유지할 수 있게 됐고, 소송을 제기했던 데니스 드영은 '스틱스의 음악을 연주하는', '전 스틱스 멤

공연 도중 축구공을 차는 로드 스튜어트
(출처: Luis Hidalgo/AP)

버' 등의 수식어를 달고 활동할 수 있게 됐다.

아일랜드 록 밴드 U2의 베이시스트 애덤 클레이튼Adam Clayton은 가정부와 소송전을 벌였다. 2012년 클레이튼은 오랜 시간 그의 가정부로 일해 온 캐롤 호킨스Carol Hawkins가 750만 달러를 유용한 것을 발견하고 고소했다. 가정부는 2004년부터 2008년까지 181차례에 걸쳐 클레이튼의 돈을 몰래 빼낸 혐의가 인정돼 7년형을 받았다. 이 사건에는 유명 은행인 뱅크 오브 아일랜드 프라이빗 뱅킹Bank of Ireland Private Banking도 연루된 것으로 드러나 충격을 줬다.

미국 미시간주에 사는 패트리샤 보우턴Patricia Boughton은 로드 스튜어트Rod Stewart의 공연 때 축구공을 맞아 부상을 당했다며

1990년 가수를 상대로 손해배상을 청구했다. 관중들을 향해 축구공을 차는 것은 로드 스튜어트 공연의 오랜 관행이다. 그런데 보우턴은 축구공이 갑자기 날아와 왼손 가운데 손가락을 다쳤다고 주장했다. 이로 인해 남편과의 성생활에도 문제가 생겼다면서 7만5000달러를 배상할 것을 요구했다. 그러나 2012년 법원은 축구공으로 인한 부상을 인정하면서도 배상액은 1만7000달러로 결정했다. 로드 스튜어트는 여전히 관객들을 향해 축구공을 찬다.

★

빼앗겼다 되찾은 '달콤씁쓸한' 저작권

1990년대 브릿팝 명곡에 얽힌 '씁쓸한' 이야기는 이제 과거가 됐다. 그리고 20여 년 만에 '달콤한' 소식이 전해졌다.

산뜻한 현악기 소리로 시작하는 노래 "Bitter Sweet Symphony"는 영국 밴드 버브The Verve의 대표곡이다. 1990년대 돌풍을 일으킨 브릿팝을 얘기할 때 빼놓을 수 없는 명곡이기도 하다. 3집 앨범 'Urban Hymns'에 수록된 이 곡은 1997년 발표되자마자 영국 싱글 차트 2위에 올랐고, 24주 동안 차트에 머물렀다. 이듬해 미국 빌보드 싱글 차트에서도 12위에 오를 정도로 세계적인 인기를 끌었다. 음원 다운로드, 실제 음반 판매, 광고음악 삽입 등 이 곡의 퍼블리싱 관련 매출은 총 500만 달러(약 60억 원)에 달할 것으로 추정된다.

하지만 "Bitter Sweet Symphony"를 작곡한 리처드 애쉬크로프트Richard Ashcroft는 이 곡이 한창 인기가 있을 때 저작권을 한 푼도 벌지 못했다. 곡 도입부에 사용한 현악기 소리가 롤링 스톤즈의 1965년 곡 "The Last Time"의 오케스트라 버전을 도용했다는 이유에서였다.

버브가 해당 음원을 무단으로 사용한 것은 아니다. 저작권료의 50%를 지급한다는 조건으로 적법한 절차에 따라 허락을 받고 샘플링했다. 하지만 "Bitter Sweet Symphony"가 인기를 끌자 롤링 스톤즈 곡의 출판권을 보유한 ABKCO는 "약속했던 것보다 더 많은 분량을 인용했다"며 소송을 제기했다. 결국 애쉬크로포트는 저작권자에 롤링 스톤즈의 믹 재거와 키이스 리처즈를 추가하고, 이 곡으로 발생하는 모든 저작권료를 포기하기로 합의했다.

버브는 "Bitter Sweet Symphony"를 통해 메이저 밴드로 올라

버브의 'Urban Hymns'

서는 인기를 끌면서도, 돈은 벌지 못하는, 노래 제목대로 '달콤씁쓸한' 상황이 된 셈이다. 심지어 이 곡이 그래미 시상식의 '베스트 록 노래' 후보에 올랐을 때는 리처드 애쉬크로포트 대신 믹 재거와 키이스 리처즈의 이름이 호명되는 웃지 못할 상황이 생기기도 했다. 애쉬크로포트는 "이 곡은 믹 재거와 키이스 리처즈가 최근 20년간 쓴 최고의 곡"이라고 비아냥거렸다.

록 음악계의 대선배인 롤링 스톤즈가 막 떠오르기 시작한 밴드 버브의 저작권료를 강탈한 스토리는 록 역사상 가장 추악한 사건이라는 비난을 받기도 했지만, 내막은 알려진 것과는 상당히 다르다.

특히 오해하지 말아야 할 부분은 버브가 "Bitter Sweet Symphony"의 저작권을 빼앗기는 과정에서 롤링 스톤즈 멤버들이 관여한 것은 전혀 없다는 점이다. 모든 작업은 ABKCO의 사장인 앨런 클라인Alan Klein이 진행했다. 그는 1965년부터 1971년까지 롤링 스톤즈의 매니저로 일했던 인물로, 롤링 스톤즈 곡의 저작권과 출판권을 놓고도 여러 차례 법정 다툼을 벌인 것으로 악명이 높다.

1963년부터 1967년까지 롤링 스톤즈의 매니저였던 앤드루 루그 올드햄도 "Bitter Sweet Symphony"의 저작권료를 요구하고 나섰다. 그는 버브가 샘플링한 부분이 롤링 스톤즈의 원곡 레코딩이 아니라 자신의 프로젝트인 앤드루 올드햄 오케스트라Andrew Oldham Orchestra가 편곡한 버전이라는 점을 지적하며 100만 파운드를 지급해야 한다고 주장했다. 심지어 올드햄은 한 인터뷰에서 버브의 애쉬크로포트에 대해 “그는 자신이 곡을 썼다고 생각하지만, 그는 쓰지 않았다”고 폄훼했다.

“Bitter Sweet Symphony”를 둘러싼 모든 복잡한 논란은 거짓말처럼 갑작스럽게 종결됐다. 애쉬크로포트는 2019년 5월 트위터에 올린 글을 통해 “지난달 믹과 키이스는 Bitter Sweet Symphony의 저작권을 나에게 양도하기로 합의했다는 매우 기쁜 소식을 전한다”고 밝혔다.

애쉬크로포트의 매니저는 2019년 초 믹 재거와 키이스 리처즈에게 “Bitter Sweet Symphony”의 저작권을 포기해 달라고 요청했고, 두 사람은 ‘즉각적으로, 주저없이, 조건없이’ 동의했다고 한다. 여기에는 고인이 된 앨런 클라인의 아들도 동의한 것으로 전해졌다.

이에 따라 앞으로 “Bitter Sweet Symphony”로부터 발생하는 저작권료는 100% 애쉬크로프트에게 지급된다. 물론 지금은 모던록의 인기가 식었고, 이 곡이 창출하게 될 매출도 예전만 못할 것이 분명하다. 버브는 2009년 세 번째 해체를 선언한 후 현재 활동하지도 않는다.

그럼에도 불구하고, 작곡자인 애쉬크로프트에게는 더없이 기쁜 소식임에 틀림없다. 불후의 명곡을 쓰고도 몇 초짜리 샘플링 때문에 작곡자로 이름을 올리지 못한 억울함을 늦게나마 풀었기 때문이다.

애쉬크로포트는 영국 언론과의 인터뷰에서 “이것은 돈 문제가 아니었다. 이것은 내가 한 일에 대해 이름을 올리는 것에 대한 문제였다. 이 곡을 만들기 위해 내가 쏟은 시간은 어마어마했다"고 말했다. 그러면서 그는 "최소한 이제 내 아들에게 '맞아, 내가 쓴 노래야'라고 말할 수 있게 됐다"며 웃었다.

버브 디스코그래피
A Storm in Heaven (1993)
A Northern Soul (1995)
Urban Hymns (1997)
Forth (2008)

★

디스코 열풍에 던져버린 '록부심'

로커들에게는 이른바 '록부심'이라는 게 있다. 풀어쓰자면 '록에 대한 자부심'이다. 록 음악이 다른 어떤 장르보다 우월하다는 믿음에서 비롯된 생각이다. 록은 다른 장르와 달리 밴드 멤버들이 직접 곡을 쓰고 연주를 하는 경우가 대부분이다 보니 그런 자부심이 생길 만도 하다.

그러나 돈 앞에 장사 없다. 록부심으로 가득 찬 뮤지션들조차 록 음악을 버리고 인기에 영합하는 일이 종종 일어난다.

디스코disco 열풍 때가 대표적이다. 1970년대 중반 미국 필라델피아와 뉴욕을 중심으로 등장한 디스코는 펑크funk와 소울, 팝, 살사 등 다양한 장르의 요소를 결합해 빠르고 경쾌한 리듬감을 강조했다. 1977년 영화 '토요일 밤의 열기Saturday Night Fever'가 세계적으로 크게 인기를 얻으면서 널리 알려졌다.

유행하는 음악에는 돈이 따랐다. 비 지스Bee Gees, 보니 엠Boney M, 도나 서머Donna Summer, 빌리지 피플Village People 등은 디스코 음악으로 막대한 음반 판매고를 올렸다.

그동안 '록의 시대'를 이끌며 인기를 누리던 로커들도 이러한 현상을 보고만 있지 않았다. 데이비드 보위가 "John I'm Only Dancing Again"(1975)을 발표하고, 엘튼 존이 키키 디Kiki Dee와 함께 "Don't Go Breaking My Heart"(1976)를 부르며 시류에 올라탔다.

록 밴드들도 디스코 열풍에 편승했다. 롤링 스톤즈는 "Miss You"(1978)를 작곡했고, 비틀즈의 폴 매카트니는 "Goodnight Tonight"(1979)이라는 디스코 풍의 곡을 선보였다. 프로그레시브 록 밴드 핑크 플로이드Pink Floyd는 디스코 요소를 반영한 "Another Brick in the Wall, Part 2"(1979)로 빌보드 싱글 차트 1위를 차지했다. 심지어 악마적인 분장을 한 하드 록 밴드 키스마저 "I Was Made For Lovin' You"(1979)를 내놓았다.

이 와중에 록부심으로 무장한 팬들은 '디스코는 형편없다Disco Sucks'거나 '디스코에 죽음을Death to Disco' 같은 슬로건을 내걸고 디스코와의 전쟁을 벌였다. 특히 록 마니아들은 자신들의 우상이었던 뮤지션과 밴드들의 디스코 편승을 '변절'이라고 욕했다. 돈을 벌기 위해 음악에 대한 철학을 버렸다는 비난이 잇따랐다. 이에 대해 키스의 폴 스탠리Paul Stanley가 "디스코 노래를 작곡하고 녹음하는 것이 얼마나 쉬운지를 보여주기 위한 것이었다"고 말한 것은 유명하다.

록과 디스코의 전쟁은 1979년 7월 12일 밤 최고조에 이르렀

1979년 7월 12일 시카고 코미스키 파크에서 열린 디스코 파괴의 밤
(출처: 유튜브)

다. 이날 록 음악 방송국 DJ들은 시카고 화이트 삭스Chicago White Sox의 홈구장인 코미스키 파크Comiskey Park에서 '디스코 파괴의 밤Disco Demolition Night'이라는 이벤트를 열었다. 주최 측은 야구 경기 중간에 디스코 음반을 모아놓고 폭약으로 폭파해 버렸다. 흥분한 관중들이 경기장에 난입해 파괴 행동을 이어갔고, 결국 경찰이 투입돼 폭도들을 진압하면서 사태는 종료됐다.

디스코 열풍의 배경에는 경제 여건의 변화가 있었다. 1970년대 중반 실업률과 인플레이션이 높아지면서 현실 도피를 하려는 대중이 빠르고 경쾌한 디스코 음악에 빠져들었다는 분석이다. 그러나 경제가 다시 살아나면서 당초 디스코의 인기 배경이 됐던 '현실 도피'가 더 이상 필요 없어지자 1980년대 초반부터 열기가 빠르게 식었다.

디스코의 인기가 짧고 굵게 끝난 것은 정치·사회적인 배경도 있었다. 디스코는 동성애자들이 좋아하는 음악이라는 인식이 강했는데, 1980년 미국에서 보수 진영의 로널드 레이건 대통령이 당선된 이후 사회 분위기가 바뀌면서 디스코가 설 자리를 잃었다는 분석도 있다.

★ 록 스타가 '투잡'을 뛰는 이유

돈을 벌기 위해 음악을 하는 뮤지션은 많지 않다. 좋아하는 음악을 열심히 하다 보니 돈이 따라온 경우가 대부분이다. 특히 로커들의 수입은 고정적이지 못하다. 아무리 유명한 뮤지션이라고 하더라도 돈을 많이 버는 해가 있는 반면, 한 푼도 손에 쥐지 못하는 기간도 있다. 그래서 많은 뮤지션들은 음악 이외에 다른 직업을 갖고 있다.

메탈리카, 메가데스Megadeth, 슬레이어Slayer, 앤스랙스에 이어 스래시메탈 '빅5'로 꼽히는 테스터먼트Testament의 보컬리스트 척 빌리Chuck Billy는 밴드 활동을 쉬는 동안 트럭 회사에서 일했다. 친구가 경영하는 회사에서 트럭 운전사들을 대상으로 안전 교육을 하는 일을 담당했다고 한다. 이 일을 1990년대 중반부터 17년간 했다고 하니 그는 음악 인생의 절반 이상 '투잡'을 갖고 있었던 셈이다.

1990년대에 인기를 끌었던 여성 데스메탈 밴드 키티Kitty의 드러머 메르세데스 랜더Mercedes Lander는 부동산 중개업자이기도 하다. 키티에서 함께 활동했던 그녀의 언니 모건 랜더Morgan Lander는 동생이 다른 직업을 갖게 된 이유에 대해 "밴드를 풀 타임으로 하기에는 돈이 너무 많이 들었다"며 "우리 음악에 대한 충분한 수요도 없었고 돈도 없었다"고 말했다. 메르세데스 랜더는 키티가 사실상 해체된 이후 2016년 화이트 스완White Swan을 결성해 음악 활동도 이어갔다.

제2의 인생을 위해 아예 음악을 그만두고 다른 직업을 찾는 뮤지션들도 있다.

스래시메탈 밴드 앤스랙스에서 기타를 연주했던 댄 스피츠Dan Spitz는 현재 손목시계 제작자로 일하고 있다. 그는 1995년 밴드를

베헤모스의 네르갈이 운영하는 이발소 포스터

탈퇴한 후 스위스 시계학교 WOSTEPWatchmakers of Switzerland Training and Educational Program에서 학위를 받았다. 스피츠는 앤스랙스 탈퇴 이유에 대해 "나는 밴드 멤버 중 가장 먼저 아이들을 갖게 됐고, 투어 도중 그들이 그리웠다"고 설명했다. 가족이 음악보다 소중했다는 얘기다. 그는 지금도 종종 음악 활동을 하지만, 직업은 엄연히 손목시계 제작자다.

블랙메탈 밴드 베헤모스Behemoth의 보컬리스트인 네르갈Nergal은 2014년 "베헤모스를 서서히 그만두겠다"고 선언하더니, 돌연 폴란드 바르샤바에 '바버리안 아카데미 & 바버 숍Barberian Academy & Barber Shop'이라는 이발소를 차렸다. 이곳에서 네르갈은 직접 이발을 해주고 손톱에 매니큐어를 발라주기도 한다. 그는 헤비메탈 전문지 리볼버Revolver와의 인터뷰에서 "새로운 도전이 필요했다"고 말했다.

스웨덴 멜로딕데스메탈 밴드 헌티드The Hunted의 기타리스트 패트릭 젠슨Patrik Jensen과 베이시스트 요나스 비욜러Jonas Björler는 각각 IT 컨설턴트와 회계사로도 일하고 있다. 젠슨은 "2집 앨범을 발표한 뒤 우리는 직업 뮤지션이 됐지만, 금전 사정이 안 좋아졌다"며 "그래서 대학에 가서 공부를 했다"고 설명했다.

1990년대 브릿팝 전성기를 이끈 블러Blur의 드러머 데이브 로운트리Dave Rowntree는 음악이 제2의 직업이라고 해도 이상하지 않다. 그는 2012년부터 영국의 유명 로펌에서 변호사로 일하고 있다. 일하는 시간으로 따지면 로펌이 밴드보다 훨씬 길다. '나노메이션Nanomation'이라는 애니메이션 회사를 세우기도 했고, 영국 노동당 웨스트엔드 지부 의장으로 활동한 이색 이력도 있다.

돈벌이 때문이 아니라 취미 삼아 제2의 직업을 갖는 뮤지션들도 있다.

비틀즈의 조지 해리슨은 1979년 영화사 '핸드메이드 필름Handmade Film'을 설립했다. 이곳에서 제작한 '위드네일과 나Withnail And I'(1987)는 걸작으로 꼽힌다.

롤링 스톤즈의 믹 재거는 영화 프로듀서로 활동한 이력이 있다. 1970년대부터 영화 출연 경력을 쌓기도 했던 그는 1995년 '재그드 필름Jagged Film'을 설립했다. 그가 프로듀스한 첫 영화는 케이트 윈슬렛Kate Winslet 주연의 '에니그마Enigma'(2001)였다.

★

가짜 록 스타가 벌인 SNS 사기극

어느 천재의 예술 프로젝트였을까? 누군가가 기획한 사회과학 실험이었을까? 아니면 단지 인기를 얻고 싶은 한 뮤지션이 벌인 사기극이었을까?

영국까지 가서 텅 빈 객석을 향해 연주한 미국 록 밴드 스레틴Threatin을 둘러싼 궁금증이 2018년 록 음악계를 떠들썩하게 만들었다.

스레틴은 사실 유명한 밴드는 아니다. 무명이라고 하는 게 더 정확하다. 하지만 2017년에는 앨범을 발매했고, 뮤직비디오도 발표했다. 무엇보다 밴드의 페이스북Facebook 페이지 등록된 팬은 4만 명에 육박한다. 유튜브에는 각종 공연과 인터뷰 영상도 올려져 있다. 소셜네트워크서비스SNS를 홍보에 활용하는 여느 밴드처럼 보인다.

사건은 2018년 4월에 시작됐다. 제레드 스레틴Jered Threatin은 유럽 투어를 함께할 멤버를 선발하기 위한 오디션을 실시했다. 물론 무명 밴드의 오디션에 뮤지션들이 제 발로 찾아오진 않는다. 스레틴의 매니지먼트사 관계자라고 밝힌 한 여성이 페이스북을 통해 뮤지션들에게 오디션을 권유하는 접촉을 했다고 한다.

스레틴은 이렇게 오디션을 통과한 3명의 멤버들에게 투어 계획을 설명했다. 자신이 독일에서 매우 높은 인기를 끌고 있으며, 공연 티켓이 이미 잘 팔리고 있다고도 했다. 특히 매니지먼트사에서 유럽에 가는 항공료와 투어 도중 호텔에서 묵는 숙박료 등을 모두 제공하고, 투어의 대가로 1인당 300달러를 줄 것이란 얘기도 했다.

멤버들은 긍정적으로 받아들였다. 받는 돈이 생각보다 적었지만, 유럽 구경도 하고 투어 경험도 쌓는다는 점을 위안으로 삼았다. 멤버들은 이 밴드에서 해외 공연 경험을 쌓으면 앞으로 뮤지션으로서의 이력에 도움이 될 거라고 생각했다. 그래서 긴 여름 동안 라스베이거스와 L.A.를 오가며 공연 준비에 매진했다.

그리고 10월 말, 멤버들은 생애 첫 해외 공연에 대한 기대에 부풀어 비행기에 몸을 실었다. 비용에 대한 얘기가 달라진 건 이때였다. 지급받는 300달러로 식사를 해결해야 한다는 소식이었다. 그래도 멤버들은 투어 경험을 쌓는 데 중점을 두기로 했다.

그런데 더 큰 문제가 생겼다. 11월 1일 영국 런던의 언더월드The Underworld라는 공연장 무대에 올랐는데, 공연 표가 291장 팔렸다는 말과 달리 관객이 3명 밖에 없었다. 나흘 뒤 브리스톨에 있

스레틴의 'Living is Dying' 뮤직비디오
(출처: 유튜브)

는 공연장 익스체인지The Exchange에서도 비슷한 상황이 연출됐다. 다른 도시에서도 마찬가지였다. 심지어 관객이 아예 한 명도 없는 공연장도 있었다.

그럴 때마다 제레드 스레틴은 "이상하다" "착오가 있나보다" "내 공연에는 원래 더 많은 사람이 온다"며 공연 기획사 탓을 했다. 멤버들은 그의 말을 믿었다. 페이스북에서 그는 유명한 뮤지션이고, 유튜브에는 그의 뮤직비디오도 있으니까.

애초에 공연장 측이 스레틴에게 무대를 빌려준 이유도 페이스북과 유튜브의 영향이 컸다. 페이스북은 스레틴의 인기를 가늠할 수 있는 잣대가 됐고, 유튜브 동영상을 통해선 스레틴의 공연장을 가득 메운 관객들을 볼 수 있었다.

이날 공연장 측이 SNS에 올린 스레틴의 '이상한' 공연은 음악 업계에서 큰 이슈가 됐다. 결국 헤비메탈 전문 웹진 메탈 석스Metal Sucks의 취재로 스레틴의 레코드 레이블인 '슈퍼러티브 뮤직 레코딩Superlative Music Recordings'과 매니지먼트 회사인 '얼라인드 아티스트 매니지먼트Aligned Artist Management' 등이 모두 유령회사라는 점이 드러났다. 심지어 페이스북 친구는 돈을 주고 샀으며, 공연 및 인터뷰 동영상은 조작한 것이라는 사실이 속속 밝혀졌다. 공연장 관계자들은 물론 밴드 멤버들까지 감쪽같이 속은 것이다.

전형적인 사기 사건과 다른 점은 직접적으로 금전적인 피해를 본 사람이 없다는 점이다. 멤버들은 공연 대가로 받은 300달러로 밥값을 해결해야 했다고 하지만, 어쨌든 손해를 본 건 아니다. 공연장 측도 기대했던 주류 및 음료 매출을 올리지 못했을 뿐 무대를 빌려준 값은 다 받았다. 어마어마한 돈을 쓴 건 오히려 제레드 스레틴이었다. 예술 프로젝트이거나 사회과학 실험일 수 있다는 얘기가 나오는 배경이다.

다만 제레드 스레틴의 형제이자 옛 밴드 멤버였던 스콧 에임스Scott Eames는 언론과의 인터뷰에서 "음악 산업에 발을 들여놓기 위해 일을 벌이다 실패한 것"이라며 사기극이라는 의혹에 무게를 실었다. SNS를 홍보에 활용하는 단계를 넘어 스스로를 유명 뮤지션으로 만들고, 이를 바탕으로 음악계에서 성공하기 위해 이런 일을 벌였다는 얘기다.

만약 에임스의 말이 사실이라면, 스레틴은 어느 정도 성공한 것 같다. 언론 보도 이후 그의 영국 공연 동영상 조회수는 기하급수적으로 늘었고, 음악 업계에서 그의 이름을 모르는 사람은 없게 됐다.

진실은 제레드 스레틴만이 안다. 하지만 음악 전문지에 이어 메이저 언론까지 스레틴의 영국 공연을 둘러싼 논란을 다루자 그는 트위터에 아리송한 글을 남기고 자취를 감췄다.

"가짜뉴스란 무엇인가? 나는 텅 빈 공연장을 국제적인 헤드라인으로 만들었다. 당신이 이 글을 읽고 있다면, 당신 역시 환상의 일부이다."

V

Into the Arena

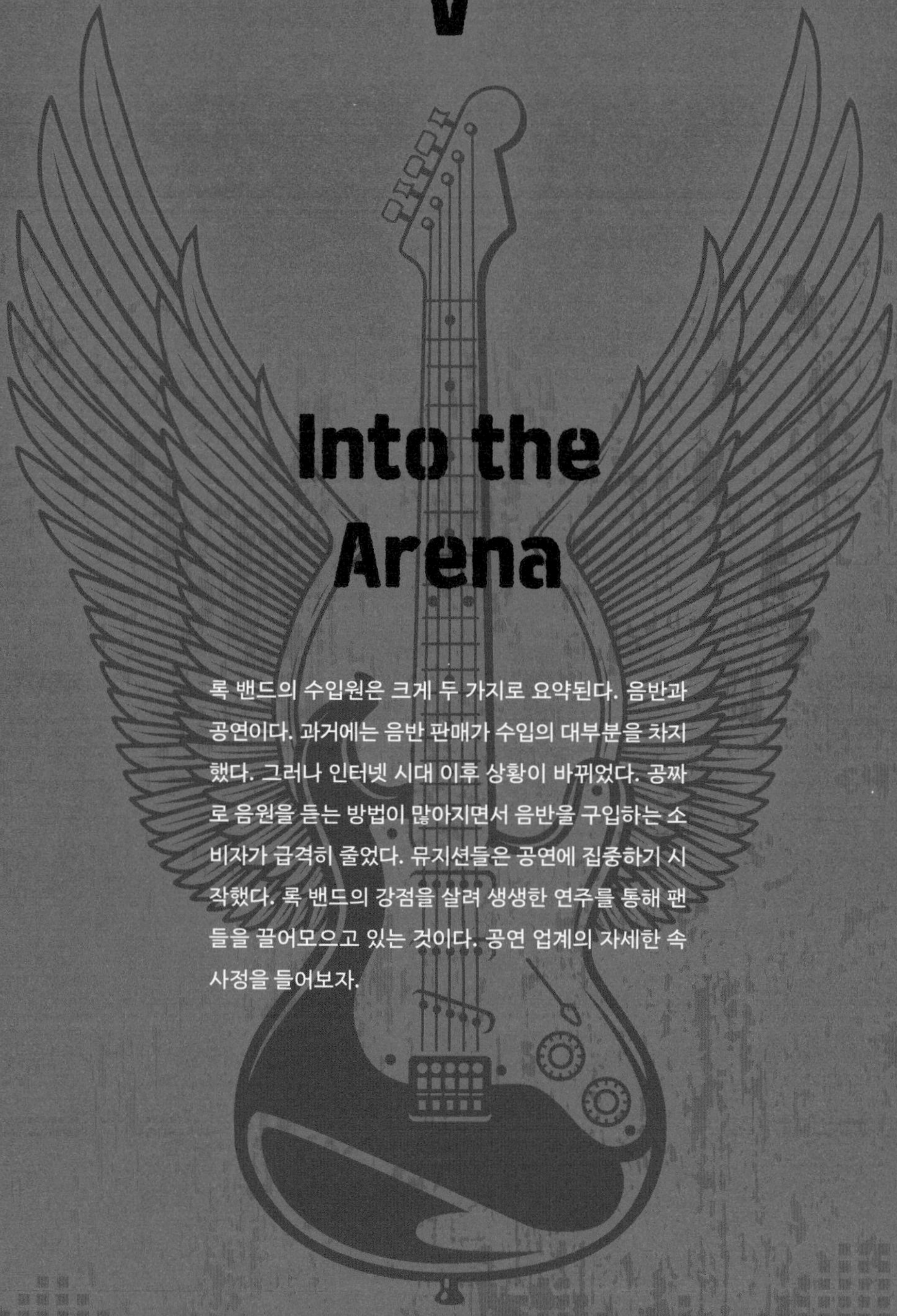

록 밴드의 수입원은 크게 두 가지로 요약된다. 음반과 공연이다. 과거에는 음반 판매가 수입의 대부분을 차지했다. 그러나 인터넷 시대 이후 상황이 바뀌었다. 공짜로 음원을 듣는 방법이 많아지면서 음반을 구입하는 소비자가 급격히 줄었다. 뮤지션들은 공연에 집중하기 시작했다. 록 밴드의 강점을 살려 생생한 연주를 통해 팬들을 끌어모으고 있는 것이다. 공연 업계의 자세한 속사정을 들어보자.

★

앨범 발표 없이 공연만 하는 까닭

지난 2017년 1월 미국 헤비메탈 밴드 건즈 앤 로지스의 공연을 보기 위해 일본 오사카에 다녀왔다. 티켓 가격이 1만3000~2만 8000엔에 달했지만 교세라돔京セラドーム에는 3만여 명이 운집했다. 탈퇴했던 슬래시(기타)와 더프 맥케이건(베이스)이 액슬 로즈(보컬)와 다시 만난 '이번 생애에 다시 없을 투어Not In This Lifetime Tour'를 보기 위해서였다.

이보다 앞서 2015년 2월에는 일본 나고야에서 미국 헤비메탈 밴드 머틀리 크루의 공연을 관람했다. 공연이 열린 니혼가이시홀日本ガイシホール 1만 석이 꽉 찼다. 인구 226만 명인 작은 도시라는 점을 생각하면 상당히 큰 공연이었다. 머틀리 크루의 '마지막 투어The Final Tour'라는 점이 메탈 팬들을 공연장으로 불러들인 것이다.

건즈 앤 로지스와 머틀리 크루의 투어가 정말 마지막이었는지는 아무도 모른다. 은퇴 후 컴백하는 밴드가 너무 많아서다. 머틀리 크루는 2020년 여름 뉴욕 등에서의 공연을 계획했다가 코로나19 때문에 취소했다. 확실한 것은 두 밴드가 앞으로 새 앨범을 낼 가능성은 작다는 점이다. 이들의 마지막 정규 앨범은 모두 2008년에 발매됐다. 그 후로 10년 넘게 앨범 발표 없이 공연 활동만 해왔다.

머틀리 크루의 리더이자 베이시스트인 니키 식스Nikki Sixx는 한 인터뷰에서 신보를 발표하지 않는 이유에 대해 "투어를 하지 않는 밴드는 어떤 의미에서 밴드가 아니다"라고 말했다. 음악은 공연장에서 들어야 하는데, 해체를 공식화하고 마지막 투어를 한 마당에 단지 집에서 듣기 위한 앨범을 만들 이유가 없다는 설명이다.

건즈 앤 로지스의 'Not In This Lifetime Tour' 포스터

그러나 속사정은 다르다. 앨범을 만들기 위해서는 작사·작곡을 해야 하고, 악기 연습을 해야 하며, 유명 엔지니어를 섭외하고, 좋은 시설이 있는 스튜디오에서 작업을 해야 한다. 모두 노력과 돈이 드는 일이다. 앨범이 만들어진 후에는 홍보와 영업에 추가 비용이 든다. 문제는 막대한 돈과 노력을 들여 만든 음반이 요즘엔 잘 팔리지 않는다는 점이다.

이런 이유에서 음악 전문지 롤링 스톤은 건즈 앤 로지스가 새 앨범을 발표할 가능성에 대해 "극단적인 아이디어"라며 "고된 작업과 끝없는 타협을 통해 새로운 앨범을 만드는 것은 지금 시점에선 과도한 일"이라고 지적했다.

실제로 음반 제작은 돈도 안 되면서 고되기만 한 경우가 많다. 미국 록 밴드 세미소닉Semisonic의 드러머 제이콥 슬릭터Jacob Slichter는 2004년 출간한 책 『So You Wanna Be a Rock and Roll Star』를 통해 대중음악 시장의 충격적인 수익구조를 공개한 적이 있다.

세미소닉이 신보에 들어갈 곡을 녹음하기 위해 스튜디오를 빌리는 값은 하루 2000달러였다. 그런데 녹음은 하루에 끝나는 게 아니다. 길게는 수개월이 걸릴 수도 있는 작업이다. 프로듀서와 엔지니어에게 지불해야 하는 돈은 총 10만 달러였다. 교통비와 숙박료도 들었다. 세미소닉이 일렉트라 레코드Elektra Records로부터 받은 선금 25만 달러는 순식간에 사라졌다.

이렇게 어렵게 만들어진 앨범의 판매 수익도 뮤지션에게는 몇 푼 돌아오지 않는다. 음반 판매를 통한 총 수입이 100이라고 치면, 일렉트라 레코드는 홍보비용으로 25%를 먼저 가져간다. 나머지 75%에 대해선 세미소닉이 13~15%를 받고, 나머지는 다시 일렉트라 레코드 몫이다. 밴드가 13~15%를 다 갖는 것도 아니다. 이 가운데 2~4%는 프로듀서에게 줘야 한다. 이제 밴드에게 남은 것은 10% 정도이다. 이 돈을 멤버들끼리 나누고 매니저 몫도 챙겨줘야 하며, 심지어 세금도 내야 한다.

음반 제작에 비해 공연은 인기 밴드들에게 있어서 짭짤한 돈벌이 수단이다. 건즈 앤 로지스의 경우 2016년 4월부터 2017년 12월까지 'Not In This Lifetime Tour' 순회공연을 통해 4억8000만 달러의 수입을 올렸다. 음반 판매량이 정확하게 집계되지 않은 마지막 앨범 'Chinese Demorcay'를 통해 번 돈의 수십 배에 달하는 것으로 추정된다. "슬래시와 다시 합치느니 빨리 죽겠다"던 액슬 로즈가 1년도 훨씬 넘게 슬래시와 함께 월드 투어를 다니는 이유이기도 하다.

무엇보다 공연 수익은 대부분 뮤지션이 가져간다는 점이 장점이다. 미국 공연 티켓 가격 평균이 55.65달러라면, 이 가운데 34~47달러는 뮤지션에게 돌아간다. 공연 매출의 평균 74%가 아티스트 몫이란 뜻이다. 공연장에서 판매하는 티셔츠 등 머천다이즈에 따른 수익 배분도 이와 비슷하다. 뮤지션의 인기가 높을수록 배분되는 수익 비율이 높아진다.

미국 인더스트리얼 메탈 밴드 피어 팩토리Fear Factory의 디노 카자레스Dino Cazares는 한 인터뷰에서 "투어는 언제나 필수적이다. 특히 익스트림 메탈 밴드들에게 있어선 그렇다"며 "왜냐하면 팝 밴드나 라디오에 많이 나오는 밴드들과는 달리 (익스트림 메탈 밴드들은)

음반 판매만으로는 먹고 살기 어렵기 때문이다"라고 말했다.

하지만 앨범 발표 없이 공연 활동만으로 돈을 버는 것은 2시간짜리 세트리스트를 가득 채울 히트곡을 가진 유명 밴드들에만 해당하는 얘기다. 공연을 하기 위해선 히트곡이 필요하고, 히트곡을 만들기 위해 지금도 수많은 밴드들이 돈도 안 되는 음반을 제작하고 있는 것은 아이러니한 일이다.

★

공연 티켓 '순삭' 이유 알고보니

2019년 11월에 개최된 아이유의 'Love Poem' 서울 콘서트 티켓은 1분 만에 2만 8,000석이 모두 매진됐다. 유애나(아이유 팬클럽)로서 공연을 꼭 보기 위해 손이 빠른 친구에게 미리 부탁해 티켓을 확보하는 데 성공했던 기억이 있다. 2018년에는 국내 콘서트가 모두 매진돼 대만까지 가서 암표를 구입해 아이유 공연을 보기도 했다.

좋아하는 가수의 공연 티켓이 오픈하자마자 순식간에 매진돼 낭패를 보는 경우가 많다. 팬층이 두터운 뮤지션들은 그만큼 티켓 파워가 세다는 뜻이기도 하지만, 이른바 '봇bot'을 이용해 티켓을 부정 매입한 뒤 웃돈을 얹어 되파는 사람들 때문에 생기는 일이기도 하다.

심지어 미국에서는 가수 측에서 티켓을 선점한 뒤 높은 가격에 판매한다는 소문이 그동안 끊이지 않았다. 이러한 소문은 2019년 7월 대중음악 잡지 빌보드의 보도로 인해 사실로 드러났다.

빌보드는 공연기획사 라이브 네이션Live Nation 미국 대표 밥 룩스Bob Roux, 스래시메탈 밴드 메탈리카 관계자 토니 디시오치오Tony DiCioccio, 그리고 독립 프로모터 반 밀레트Vaughn Millette의 2017년 2월 전화 통화 녹음 파일을 입수해 보도했다. 통화 시점은 메탈리카가 'WorldWired' 투어 계획을 발표하기 하루 전이었다.

빌보드에 따르면 디시오치오는 룩스에게 메탈리카 공연 티켓 8만8000장(20회 공연, 회당 4400장)을 되팔기용으로 빼놓을 것을 요구했다. 인기 있는 공연의 티켓이 매진되면 중고 리셀러 사이트에서 어마어마한 프리미엄이 붙은 채 판매된다는 것을 노렸다.

이들은 메탈리카 공연 티켓을 스텁허브Stubhub 등 티켓 매매 사이트에 올린 후 여기서 발생한 이익은 메탈리카와 라이브 네이션이 40%씩 나눠 갖고, 나머지 20%는 디시오치오와 밀레트가 받기로 합의했다.

그동안 공연업계와 뮤지션들은 액면가 대비 2~3배씩 뛰는 중고 티켓 거래에 대해 부정적인 입장을 보여 왔다. 그런데 뒤에선 내부자들이 이러한 비밀 거래를 통해 막대한 수익을 챙기고 있었다는 점은 충격적인 소식이었다. 사실이 드러날 경우 비난 여론을 의식했는지 이들은 통화에서 이 같은 거래를 비밀로 해야 한다고 서로에게 당부하기도 했다.

논란이 일자 라이브 네이션은 관행에 따라 이러한 일을 벌였다고 설명했다. 메탈리카 이전에도 수년 동안 리셀러용 티켓을 따로 제공해 왔다는 말도 덧붙였다. 다만 아티스트 측이 요구한 경우에만 그렇게 했다고 밝혔다. 메탈리카 측은 밴드 멤버들과 무관하게 벌어진 일이라고 해명했다. 밴드의 '티켓 컨설턴트'로 일해 온 디시오치오가 독자적으로 한 일이라는 얘기다.

과거에는 투어가 앨범을 홍보하기 위한 수단이었고, 뮤지션들은 오히려 손해를 보면서 공연을 하는 경우도 많았다. 그러나 앨범 판매가 급감하자 아티스트들은 공연을 새로운 수익원으로 보기 시작했다. 1996년부터 2018년까지 미국의 소비자물가가 59% 오르는 동안 공연 티켓 가격은 무려 190% 상승했다. 중고 거래를 통해 몇 배씩 뛴 가격은 반영되지 않은 상승률이다.

꼭 주최측이 연루되지 않았더라도, 중고 거래를 통해 터무니없이 비싼 값에 되팔리는 현상에 따른 피해는 고스란히 팬들의 몫이다. 한국에서도 인기 가수의 공연 티켓은 온라인 상에서 수십 배에 달하는 가격에 거래된다. 2018년 대중문화예술상은 방탄소년단이 수상자로 출연한다는 이유로 무료 배포된 티켓이 150만원에 거래되기도 했다. 그래서 일부 뮤지션들은 부정 티켓 거래를 엄격하게 통제하고 있다. 아이유가 대표적이다. 아이유 측은 매크로 등 부정한 방법으로 예매한 것으로 추정되는 티켓은 소명 자료 및 현장 확인 후 티켓을 배부한다. 중고 거래에서 프리미엄이 많이 붙는 앞자리 좌석 역시 신원 확인 후 입장시킨다.

그러나 공연 티켓을 공연장 현장이 아닌 온라인으로 사고 파는 것은 불법이 아니기 때문에 암표 거래를 근본적으로 근절시킬 방법은 마땅치 않다는 지적이 나온다.

★

가수 만나는데 얼마까지 낼 수 있나요?

지난 2010년 3월 11일, 미국 헤비메탈 밴드 W.A.S.P.의 뉴욕 공연을 보러 갔을 때의 일이다. 퇴근 후 가까스로 시간에 맞춰 찾아간 그래머시 시어터Gramercy Theatre에는 공연 취소 안내문이 붙어있었다. 갑작스럽게 공연이 취소될 경우 기획사 측은 최소 몇 시간 전 문자 메시지로 안내를 하지만, 이 공연은 아무런 공지도 없이 취소됐다. 게이트에 자물쇠를 채우고 있는 공연장 관계자에게 이유를 물으니 흥미로운 답변이 돌아왔다.

"공연 프로모터가 W.A.S.P.와 상의도 없이 미트 앤 그리트meet & greet(공연 시작 전 팬들이 뮤지션을 만날 수 있는 이벤트) VIP 티켓을 따로 판매해서 밴드가 화났답니다. 돈을 받고 팬들을 만날 수는 없다면서 프로모터가 VIP 티켓 소지자들에게 환불해 줄 것을 요구했는데, 거절당하자 아예 공연을 취소해버렸어요. 그 대신 그는 팬들에게

미안하다면서 일일이 악수를 하고 사인도 해주고 같이 사진도 찍어줬죠. 조금만 일찍 도착했더라면 만날 수 있었을텐데 아쉽겠네요."

W.A.S.P.의 뉴욕 공연 취소는 당시 언론에서도 화제가 됐다. 다른 도시도 아닌 뉴욕 공연을 취소하는 일은 극히 드물기 때문이다. 뉴욕은 뮤지션들이 공연을 하고 싶어하는 1순위 도시이다. 밴드 측은 이튿날 성명을 내고 "우리는 팬에게 사인을 해주는 대가로 돈을 받은 적이 없으며, 앞으로도 그러지 않을 것"이라고 밝혔다.

하지만 모든 뮤지션들이 W.A.S.P.와 같은 생각을 갖고 있진 않다. 팬들에게 사인을 해주고 간단한 대화를 나누는 대가로 어마어마한 돈을 요구하는 뮤지션들이 많다. 물론 좋아하는 뮤지션을 잠깐이라도 만나기 위해서라면 기꺼이 지갑을 여는 팬들이 있으니 가능한 얘기다.

팝 가수 마일리 사이러스Miley Cyrus는 2014년 순회공연 당시 950달러 짜리 VIP 패키지를 판매했다. 경영 전문지 포브스는 사이러스가 팬들과 1분씩 만나주는 대가로 시간당 5만7000달러를 벌었고, 60회 공연을 통틀어서는 340만 달러를 챙겼을 것이라고 추정했다.

뮤지션들이 VIP 패키지 판매에 나서는 것은 이처럼 적은 시간을 투자해 많은 돈을 벌 수 있기 때문이다. 음반 판매가 예전만 못하다 보니 새로운 수익원을 찾은 것이라고 볼 수 있다. 이런 상황에서 VIP 패키지 가격은 해마다 치솟았다.

블랙 사바스는 2016년 공연 당시 '얼티밋 익스피리언스 패키지Ultimate Experience Package'라는 이름의 티켓을 2500달러에 팔았다. 티켓을 산 팬들은 공연장 앞줄 좌석을 배정받는 것은 물론, 밴드의 사운드 체크를 관람할 수 있었고, 보컬리스트인 오지 오스본의 드레싱룸에 들어가 그를 만날 수도 있었다.

건즈 앤 로지스의 '웰컴 투 더 정글 핏 익스피리언스Welcome to the Jungle Pit Experience' 티켓은 밴드 멤버도 아닌 공연 스태프와 질의응답 시간을 가질 수 있다는 이유만으로 1750달러에 판매돼 논란이 되기도 했다.

캐나다 출신 헤비메탈 뮤지션 데빈 타운센드Devin Townsend는 2017년 인터뷰에서 음악인들이 VIP 패키지를 판매할 수밖에 없는 이유를 이렇게 설명했다.

"음악 산업은 정말 어려운 상황이다. 우리 밴드는 단지 굴러가기 위해서 매달 1만4000달러가 든다. 공연을 하지 않는 기간에는 1만4000달러가 매달 그냥 나가는 셈이다. 공연을 하는 값도 비싸다. 멤버들의 비행기 값만 사람당 1000달러가 든다. 팬들은 밴드들이 미트 앤 그리트를 통해 쉽게 돈을 번다고 생각하겠지만, 그렇게 하지 않으면 우리는 활동을 할 수 없다."

VIP 패키지 판매는 뮤지션들에게 있어서 단지 돈벌이가 아닌 생존의 문제라는 주장이다. 다만 일부 뮤지션들은 W.A.S.P.와 마찬가지로 돈을 받고 팬을 만나는 관행에 반대하고 있다.

Y&T의 데이브 메니케티Dave Meniketti는 2016년 인터뷰에서 "미트 앤 그리트는 팬들에게 바가지를 씌우는 일"이라며 "팬들은 우

리가 계속 활동하게 해주는 사람들이다. 내가 팬들에게 돈을 내는 것이 맞다"고 말했다. 메탈리카의 전 베이시스트 제이슨 뉴스테드Jason Newsted도 2012년 인터뷰에서 미트 앤 그리트 이벤트에 대해 "불편하다"는 입장을 보였다.

한국에서는 아직까지 VIP 패키지나 미트 앤 그리트가 활성화되지 않았다. 그러나 음원 판매만으로는 돈을 벌기 어려운 상황이 계속되면 한국에도 이런 시스템이 도입되는 것은 시간 문제라는 전망도 나온다.

★

암표 거래의 경제학

2013년 6월 4일 자 미국 뉴욕타임스에 실린 이야기다. 배리 아라켈리언Barry Arakelian 씨는 톰 페티Tom Petty 공연이 열리는 뉴욕 비컨 시어터Beacon Theater 앞에서 사기를 당했다.

그는 공연장 앞에서 만난 암표상에게 375달러를 주고 공연 티켓 2장을 샀다. 원래 가격은 장당 135달러였지만 50달러 이상의 웃돈을 준 것이다. 하지만 그는 공연장에 들어갈 수 없었다. 그가 산 암표는 위조된 티켓이었기 때문이다.

결국 아라켈리언 씨는 다른 암표상에게 450달러를 주고 2장을 다시 샀다. 다행히 이번엔 공연장에 입장할 수 있었다. 135달러 짜리 티켓 2장을 위해 3배가 넘는 825달러를 썼는데도 아라켈리언 씨는 만족스러워 했다. 그는 "내가 존경하는 아티스트를 보기 위해서라면 더 많은 돈을 지불할 수도 있다"고 말했다.

지난 2017년 사망한 톰 페티는 생전에 뉴욕에서 제일 큰 공연장인 매디슨 스퀘어 가든에 관객을 꽉 채우고도 남을 인기 뮤지션이었다. 그러나 그는 종종 비컨 시어터 같은 작은 공연장을 무대로 택했다. 게다가 티켓 가격은 다른 공연에 비해 낮게 책정했다.

파스칼 커티Pascal Courty 빅토리아 대학교University of Victoria 교수의 설명에 따르면 공연 티켓 가격 책정 방법은 두 가지가 있다. 바브라 스트라이샌드Barbra Streisand나 마이클 볼튼Michael Bolton은 시장이 수용할 수 있는 범위에서 최대한 높은 가격을 매긴다. 바브라 스트라이샌드는 이탈리아 로마 공연 티켓 가격을 1000달러로 책정했다가 여론의 비난을 받은 끝에 공연을 취소하기도 했다.

반면 브루스 스프링스틴이나 펄 잼은 시장 평균보다 훨씬 낮은 가격에 티켓을 판다. 그렇다고 브루스 스프링스틴이 마이클 볼튼보다 공연 수입이 적은 것도 아니다. 티켓 가격은 낮게 책정한 뒤 공연장에서 판매하는 맥주나 티셔츠 가격을 높게 받는 전략을 택하는 것이다.

이처럼 가수가 공연을 통해 벌어들이는 돈은 비슷할지 모르지만, 티켓 가격이 낮으면 돈을 버는 사람은 따로 있다. 바로 암표상들이다. 아라켈리언 씨처럼 높은 가격을 지불하고라도 공연을 보고 싶은 팬들이 많기 때문이다. 수요는 많은데 공급은 모자라고 가격이 낮다 보니 톰 페티와 같은 인기 뮤지션의 공연은 암표상들에겐 대목이 아닐 수 없다. 걸리면 감옥에 갈 각오를 하고서라도 암표상들이 활개를 치는 이유다.

하지만 암표상들에도 좋은 시절은 지나갔다. 1980~1990년대

스텁허브 로고

에는 뉴욕에서 활동하는 암표상 1명이 연간 7만 달러를 벌기도 했지만, 지금은 3만 달러를 벌기도 힘들다고 한다. 2007년부터 뉴욕주가 공연 티켓 중고시장 거래를 허용했기 때문이다.

스텁허브 같은 티켓 중고거래 사이트에서는 매진된 공연 티켓을 웃돈을 주고 구입할 수 있다. 암표상에게 표를 살 때는 무언가 속는 기분이 들지만, 티켓 중고거래 사이트는 수요와 공급이 비교적 투명하게 드러나 공정하다는 느낌을 받는다.

문제는 인기 공연의 경우 중고거래 가격이 지나치게 높다는 점이다. 뮤지션들도 불편한 기색을 드러내고 있다. 엘튼 존은 리세일(재판매) 티켓에 대해 "터무니없이 높은 가격이고, 부끄러운 일이라고 생각한다"고 말했다.

과거 암표상들에게는 많아야 2~3배 정도 금액을 주면 충분했다. 이에 비해 스텁허브 등에선 많게는 수십 배의 웃돈을 지불해야 한다. 폭스 뉴스Fox News에 따르면 2017년 9월 미네소타에서 열린 저스틴 팀버레이크Justin Timberlake의 178달러짜리 공연 티켓은 중고거래 시장에서 최고 8000달러까지 뛰었다.

공연 티켓 중고거래의 문제점이 잇따라 지적되자 지난 2016년 1월 미국 뉴욕주 검찰은 '무엇이 뉴요커들의 티켓 구입을 막고 있는가?'라는 보고서를 냈다. 조사 결과 뉴욕에서 열리는 대형 콘서트 티켓의 20~30%는 중고시장에서 거래되며, 소비자들은 액면가보다 평균 49% 높은 가격에 암표를 구입하는 것으로 나타났다. 뉴욕주 검찰은 공연 티켓 시장의 구조적인 문제로 인해 리세일 가격이 지나치게 높아진다고 분석했다. 티켓의 38%는 팬클럽 회원이나 특정 신용카드 이용자 등에게 선예매로 팔고, 16%는 기업 스폰서 등이 가져가고, 나머지 46%만 일반 판매를 하다 보니 품귀 현상이 나타난다는 지적이다.

품귀 현상에 일조하는 것은 봇bot이다. 공연 티켓이 오픈되면 브로커 업체들이 자동 예매 프로그램인 봇을 돌린다. U2의 2015년 7월 뉴욕 공연의 경우 1개의 봇이 1분 만에 1012개 좌석을 예매하기도 했다. 봇이 표를 매집하는 동안 웹사이트는 다운되기 마련이고, 소비자들은 새로고침만 클릭하다 어느 순간 표가 매진된 것을 깨닫는다.

브로커들은 이렇게 매집한 표를 중고시장에 비싼 값에 내놓는다. 팬들은 울며 겨자 먹기 식으로 웃돈을 주고 표를 살 수밖에 없게 되는 것이다.

다만 브로커들이 항상 돈을 버는 것은 아니다. 인기가 있을 것으로 내다보고 봇을 돌려 티켓을 대량 매집했는데, 예상보다 수요가 저조하면 리세일 가격은 급속하게 떨어진다. 이를 잘 이용하면 소비자들은 티켓을 절반도 안 되는 값에 살 수도 있다.

★

록 페스티벌도 고령화 시대

예로부터 오복五福의 첫째로 수壽를 꼽았듯이 사람이 오래 사는 것은 큰 축복이다. 그러나 경제 측면에서 보면 꼭 그렇지만도 않다. 인구 고령화로 인해 생산가능인구가 줄어들면 노동력 부족과 생산·투자 위축으로 이어져 경제 활력이 떨어진다. 복지 관련 예산이 증가하고 지급해야 할 연금이 늘어 국가 재정에도 부담이 커진다.

평균 수명이 높아지고 출산율이 낮아지면서 세계 곳곳에서 고령화가 급속하게 진행되고 있다. 선진국에서 60세 이상 인구가 차지하는 비율은 1999년의 10%에서 2050년에는 22%로 2배 이상 늘어날 것으로 전망된다.

고령화 현상은 록 음악 시장도 예외가 아니다.

지난 2017년 10월 14일부터 15일까지 일본 사이타마 슈퍼아

레나さいたまスーパーアリーナ에서 열린 '라우드 파크 페스티벌Loud Park Festival'에 다녀왔다. 해마다 느끼는 것이지만 이 공연은 더이상 젊은이들의 축제가 아니다. 연주하는 뮤지션도, 열광하는 관객들도 청년보다는 중년에 가깝다. 심지어 노년층도 종종 눈에 띈다.

이 공연 무대에 선 최고령 뮤지션은 '쇼크록의 대부' 앨리스 쿠퍼Alice Cooper였다. 음악 경력만 50년이 넘는 베테랑인 그는 당시 72세였다. 재결성 후 첫 아시아 공연을 펼친 엘에이 건즈의 보컬리스트 필립 루이스Philip Lewis는 60세였다. 첫날 헤드라이너로 무대에 오른 스래시메탈 밴드 슬레이어의 톰 아라야Tom Araya는 56세, 마지막 날 공연에서 라우드 파크의 대미를 장식한 기타리스트 마이클 쉥커Michael Schenker는 62세였다.

라우드 파크 주최 측은 관객의 연령대에 대해 '10~50대'라는 모호한 통계만 내놓고 있지만, 현장에서 마주친 대부분의 사람들은 얼핏 보기에도 30~40대였다. 나이 탓에 스탠딩 플로어에 내려가기가 두려워 무대에서 멀리 떨어진 좌석을 선호하는 이들도 많았다.

이 같은 고령화는 1980년대 헤비메탈 밴드를 중심으로 라인업을 구성하는 라우드 파크 페스티벌의 특성이라고 볼 수만은 없다. 또한, 고령화가 유독 빠르게 진행되는 일본 공연계의 특징이라고 보기도 어렵다.

록 페스티벌의 고령화는 세계적인 현상이다. 경제 주간지 이코노미스트에 따르면 영국에서 열리는 9개 록 페스티벌 헤드라이너의 평균 연령은 1996년 31세에서 2015년에는 43세로 높아졌다. 아티스트의 나이가 올라갈수록 관객의 나이도 따라 올라간다. 세월이 흘러도 꼬박꼬박 공연장을 찾는 올드 팬들 때문이다.

주최 측 입장에서 보면 관객의 고령화로 인해 당장 손해 볼 일은 없다. 오히려 이익이다. 30대 이상 관객은 10~20대에 비해 티켓 가격에 크게 신경쓰지 않으며, 공연장에서 소비하는 술과 음식도 상대적으로 많다. 지난 2014년 9월 영국에서 열린 온블랙히스 페스티벌ONBlackheath Festival에선 텐트를 치기 싫어하는 사람들을 위해 캐러반이나 럭셔리 요트를 제공하는 상품을 판매하기도 했다. 이를 위해 추가 비용을 기꺼이 지불하는 사람은 대부분 30대 이상이었다.

하지만 공연 업계에선 중년층의 구매력에 기댄 록 페스티벌의 흥행이 언제까지 이어질지 의문이라는 지적이 서서히 나온다. 본 조비, 이글스The Eagles 등 공연 매출 상위권의 밴드 멤버들은 점점 늙어가고 있고, 블랙 사바스처럼 '마지막 콘서트'를 마친 밴드들도 많다. 디오Dio의 로니 제임스 디오, 모터헤드Motörhead의 레미Lemmy는 이미 이 세상 사람이 아니다.

음악 애널리스트 마크 멀리건Mark Mulligan은 한 언론 인터뷰에서 "인구 시한폭탄이 째깍거리고 있다"며 "지금 당장은 옛 음악 팬들을 위한 매우 활기찬 라이브 시장이 있지만, 이를 지탱할만한 밴드들을 음악 업계가 만들어내고 있는지가 진짜 우려되는 부분"이라고 지적했다.

공연 관계자들에 따르면 본 조비와 같은 슈퍼스타급 밴드의 뒤를 이을 '젊은' 록 밴드는 콜드플레이 정도가 유일하다고 한다.

이 때문에 미래의 록 페스티벌에서는 시 낭송이나 마술 쇼를 곁들여야 관객이 모일 것이라는 자조 섞인 전망마저 나온다. 록의 시대가 '진짜로' 저물어 가고 있다는 얘기가 나오는 이유다.

오지 할아버지의 마지막 콘서트

록 스타도 우리와 똑같이 경제 활동을 하는 사람들이다. 젊은 시절에 밤낮을 잊고 일하며 돈을 벌다가 나이가 들면 은퇴해 가족과 함께 노후를 보낸다.

그런데 최근에는 60~70대 고령의 나이에도 공연을 통한 경제 활동을 하는 뮤지션들이 많다. 디지털 스트리밍 음원 탓에 과거에 비해 음반 판매와 로열티 수입이 줄면서 나타난 현상이다.

문제는 고령 로커들의 건강이다. 젊은 시절 음악 활동을 도와주던 술, 담배, 마약, 섹스는 노년에 이르러 이들의 건강을 위협하고 있다. 심지어 한 연구에 따르면 록 뮤지션들은 같은 나이의 일반인들에 비해 사망할 확률이 1.7배 높다고 한다.

나이가 든 이후 술 대신 차를 마시고, 섹스 대신 요가를 하며, 심지어 과거의 무절제한 삶을 반성이라도 하듯 교회에 다니

오지 오스본 (출처: 오지 오스본)

는 로커들도 있지만, 이미 늙을 대로 늙은 후인 경우가 많다.

노구를 이끌고 몇 달 동안 전 세계를 돌며 공연을 하다 보니 종종 건강상의 이유로 콘서트가 취소되는 경우도 생긴다. 이는 공연기획사의 손해로 고스란히 돌아온다. 이 때문에 미국에서는 뮤지션의 '노쇼non-appearance'에 대비한 보험 상품도 판매되고 있을 정도다.

2019년 2월에는 헤비메탈 뮤지션 오지 오스본이 폐렴으로 의심되는 인플루엔자 합병증 진단을 받고 입원하면서 유럽 공연 일정을 취소했다. 그는 중환자실에서 산소호흡기에 의지해야 할 정도로 병세가 심각했다.

70대에 접어든 오지 오스본은 그로부터 한 달 전에도 상기도 감염증으로 인해 공연을 취소했다. 2018년 10월에는 손가락 두

군데가 포도상구균에 감염돼 수술을 받았다. 젊은 시절 무대에서 박쥐 머리를 물어뜯을 정도로 혈기왕성하던 '어둠의 왕자'는 이제 병들고 허약한 할아버지가 됐다.

오지 오스본이 지난 2017년 11월 '노 모어 투어스No More Tours 2'라는 이름의 투어 계획을 발표하자 일각에선 그가 '마지막'을 내세워 팬들의 돈을 뜯어내려 한다고 비난했다. 실제로 오스본은 1992년에도 '노 모어 투어스' 이후 더 이상 순회공연이 없다고 해놓고 번복한 바 있다. 물론 당시와 지금은 상황이 다르다. 1992년에 마지막 투어 계획을 발표한 것은 그가 다발성 경화증에 걸렸다는 진단 때문이었는데, 얼마 후 오진으로 판명됐다.

오스본은 한 인터뷰에서 '노 모어 투어스 2'가 끝난 뒤에도 투어를 계속하겠다는 뜻을 밝히기도 했다. 그는 "투어 제목 때문에 오해가 있다. 고별 투어가 아니라 속도를 조금 줄이겠다는 것"이라며 "나는 계속해서 투어를 하겠지만, 지난 50년간 해온 것처럼 집중적으로 하진 않는다는 의미"라고 말했다.

그러면서 "나에겐 손주도 있고, 내 나이는 70살이다. 어딘가의 호텔에서 죽은 채로 발견되긴 싫다"며 "앞으로는 느긋한 속도로 투어를 하고, 라스베이거스에서도 공연할 것"이라고 설명했다.

하지만 오지 오스본의 입원 소식이 잇따르면서 '노 모어 투어스 2'가 정말 마지막이 될지도 모른다는 관측이 나오고 있다. 2020년 2월에도 그는 입원을 이유로 공연을 취소했고, 이후 코로나19 사태가 터지면서 투어 일정이 모두 미뤄졌다. 한국 팬들 입장에선 지난 2014년 8월에 있었던 '현대카드 시티 브레이크' 무대가 오지 오스본을 접한 마지막 공연이 될 가능성도 있다.

한편에선 고령 아티스트들이 신곡도 없이 과거의 히트곡으로 우려먹기를 한다는 비판도 제기한다. 오지 오스본처럼 은퇴를 번복하고 곧 다시 등장할 것이란 의혹도 있는 게 사실이다. 하지만 이들의 나이를 고려하면, 그리고 데이비드 보위, 톰 페티Tom Petty, 프린스, 에디 반 헤일런 등이 예고없이 세상을 떠난 점을 생각해 보면, 고령 록 스타의 마지막 콘서트는 관람할 만한 가치가 있어 보인다.

오지 오스본 디스코그래피
Blizzard of Ozz (1980)
Diary of a Madman (1981)
Bark at the Moon (1983)
The Ultimate Sin (1986)
No Rest for the Wicked (1988)
No More Tears (1991)
Ozzmosis (1995)
Down to Earth (2001)
Under Cover (2005)
Black Rain (2007)
Scream (2010)
Ordinary Man (2020)

★

레드 제플린 재결합 가치는 8500억원?

2018년은 레드 제플린 결성 50년이 되는 해였다. 그래서 밴드의 재결합에 대한 루머가 끊이지 않았다. 결론부터 말하자면 재결합은 성사되지 않았다. 보컬리스트인 로버트 플랜트Robert Plant가 완강하게 거부했기 때문이다.

레드 제플린 재결합에 대한 루머는 기타리스트 지미 페이지가 "2018년은 50주년이기 때문에 모든 종류의 서프라이즈가 있을 것"이라고 예고하면서 불거졌다. 그러나 로버트 플랜트는 그해 1월 미국의 한 라디오 방송에서 재결합 가능성을 묻는 DJ의 질문에 "그럴 생각 없다"며 "그런 상상조차 내 안중에 없다. 정말이다"라고 단호하게 답했다.

1968년 영국에서 결성된 레드 제플린은 블랙 사바스, 딥 퍼플과 함께 헤비메탈 음악의 창시자로 꼽힌다. 이 밴드는 "Stairway to Heaven", "Immigrant Song", "Whole Lotta Love" 등 히트곡을 내며 1970년대 최고 인기 밴드로 군림했다. 그러나 1980년 드러머 존 본햄John Bonham이 사망한 직후 짧은 역사를 뒤로하고 해체했다. 이후 존 본햄의 아들 제이슨 본햄Jason Bonham을 영입해 네 차례에 걸쳐 일시적으로 재결성했지만, 2007년 12월 런던에서 열린 역사적인 라이브 콘서트 이후 무대에 서지 않고 있다.

로버트 플랜트가 재결합을 원치 않는 이유는 간단하다. 존 본햄이 없는 레드 제플린은 의미가 없다는 것이다.

그는 2018년 3월 에스콰이어와의 인터뷰에서 "38년 전 존 본햄이 죽었고, 그것이 내가 아는 전부다"라고 말했다. 그러면서 "레드 제플린은 그 시절을 살던 3명의 놀라운 뮤지션과 1명의 가수였다"며 존 본햄이 없는 밴드를 재결성할 뜻이 없음을 분명히 했다.

이 같은 입장은 레드 제플린 해체 직후부터 이어져온 것이다. 플랜트는 1982년 인터뷰에서 "그 누구도 존을 대신할 수 없다. 절대로 못 한다"며 "지금 레드 제플린 음악을 들으면 그가 얼마나 중요했는지 깨닫게 된다"고 말한 바 있다.

심지어 2012년에는 빌 클린턴 전 미국 대통령이 직접 나서서 레드 제플린 재결합 공연을 요청했지만, 외교 수완이 좋은 것으로 유명한 클린턴마저도 플랜트를 설득할 수 없었다.

한때는 로버트 플랜트가 8억 달러(약 8500억원)짜리 레드 제플린 재결합 공연 계약서를 찢어버렸다는 소문이 퍼지기도 했다. 나머지 멤버들이 3개 도시에서 35번의 공연을 하는 조건에 동의했는

레드 제플린
(출처: Michael Ochs archives/Getty Image/Rolling Stone Magazine)

데, 막판에 플랜트가 뒤집었다는 얘기가 영국 타블로이드 신문 데일리 미러Daily Mirror의 보도로 전해졌다. 이 보도는 오보로 확인 됐지만, 8억 달러라는 금액은 레드 제플린 재결합의 가치를 가늠할 수 있는 잣대가 됐다.

사실 레드 제플린 멤버들에게 8억 달러는 있으면 좋지만 없어도 되는 돈이다. 실제로 다른 록 밴드들과 달리 레드 제플린이 재결합에 유독 관심이 없는 것은 그동안 축적해둔 막대한 부富 때문이라는 시각도 있다.

레드 제플린의 음반 판매량은 미국에서만 1억1200만 장에 달한다. 이는 미국 역사상 비틀즈, 엘비스 프레슬리, 가스 브룩스Garth Brooks에 이어 4번째로 많은 규모다. 특히 로버트 플랜트는 솔로 활동을 통해 추가로 수백만 장의 앨범 판매고를 올렸다. 돈이 떨어지면 재결성 이벤트를 만드는 일부 밴드들과는 사정이 다른 셈이다.

전성기 때 얼마나 많은 돈을 쓸어 담았는지 보여주는 유명한 일화도 있다. 1973년 7월 29일 레드 제플린은 공연을 위해 미국 뉴욕에 머물다가 호텔에서 현금 20만 달러를 도둑맞았다. 뉴욕 경찰은 범인을 찾지 못했고, 밴드 측도 더 이상 이슈가 확산되길 원치 않아 사건은 미제로 남았다. 당시 미국 투어로 레드 제플린은 400만 달러를 벌었으니 20만 달러쯤은 밴드에 별다른 타격을 주지 않았다.

레드 제플린의 주머니 사정은 지금도 점점 좋아지고 있다. 2017년에는 마블 영화 '토르: 라그나로크'에 "Immigrant Song"을 사용하도록 허락해주면서 월트 디즈니 컴퍼니Walt Disney Company로부터 역대급 사용료를 받은 것으로 알려졌다. 영화가 흥행하면서 음원 수입도 덩달아 치솟았다. 스포티파이에 따르면 이 곡의 스트리밍 수는 영화 개봉 직후 200% 증가했다.

레드 제플린 디스코그래피
Led Zeppelin (1969)
Led Zeppelin II (1969)
Led Zeppelin III (1970)
Led Zeppelin IV (1971) (common title)
Houses of the Holy (1973)
Physical Graffiti (1975)
Presence (1976)
In Through the Out Door (1979)
Coda (1982)

★

라이브 에이드가 만들어낸 기적

영화 '보헤미안 랩소디Bohemian Rhapsody'의 백미는 마지막 부분에 나오는 퀸의 공연 장면이다. 뭉클한 감동을 주며 영화의 백미로 꼽히는 이 공연은 1985년에 열린 '라이브 에이드Live Aid'의 한 장면을 재현한 것이다.

대중음악 공연의 전설로 기록된 라이브 에이드는 아프리카 기아 문제를 돕고 싶어 했던 한 록 뮤지션의 아이디어에서 시작됐다.

아일랜드 록 밴드 붐타운 래츠Boomtown Rats의 리드 싱어였던 밥 겔도프Bob Geldof는 1984년 10월 23일 영국 BBC 방송이 방영한 다큐멘터리에 큰 충격을 받았다. 에티오피아에서 수백만 명이 굶어죽는 생생한 영상을 본 그는 가만히 앉아있을 수 없었다. 당장 동료 뮤지션인 울트라복스Ultravox의 밋지 유르Midge Ure에게 연락해

에티오피아를 돕기 위한 노래를 만들자고 제안했다. 이들이 공동으로 작사·작곡한 노래가 바로 "Do They Know It's Christmas?"이다.

이어 겔도프는 이 노래를 함께 부르고 연주할 뮤지션들을 모집했다. 보노Bono, 필 콜린스Phil Collins, 보이 조지Boy George, 사이먼 르 본Simon Le Bon, 조지 마이클Geroge Michael, 스팅Sting 등 당대 최고의 영국 및 아일랜드 뮤지션들이 참여했다. 이들은 돈 한 푼 받지 않고 노래를 녹음하고, 수익금은 에티오피아를 돕는 데 쓴다는 조건에 흔쾌히 동의했다. 이 아름다운 슈퍼그룹의 이름은 '밴드 에이드Band Aid'로 정해졌다.

밴드 에이드의 "Do They Know It's Christmas?"는 1984년 12월 3일에 싱글로 발매돼 크리스마스 시즌 차트 1위에 올랐고, 그해 연말까지 영국에서만 300만 장 판매를 돌파했다. 미국에선 빌보드 차트 10위 내 진입에 실패했지만, 이듬해 1월까지 250만 장이 팔렸다. 겔도프는 이 곡으로 7만 파운드를 모금하려는 소박한(?) 꿈을 갖고 있었다. 하지만 발매 이후 1년간 수익은 800만 파운드에 달했다.

겔도프가 수익금 전액을 에티오피아에 기부하는 과정에선 약간의 문제도 있었다. 영국 정부가 음반 판매 부가가치세를 포기하지 않았기 때문에 상당 금액이 에티오피아가 아닌 영국으로 돌아갈 판이었다. 다만 겔도프가 직접 마가렛 대처Margaret Thatcher 당시 영국 총리와 만나면서 이 문제는 깨끗하게 해결됐다. 영국 정부는 이 음반으로 발생한 세수 전액을 기부하기로 했고, 대처

총리는 더 나아가 '기아 구제'를 주요 7개국G7 정상회의 의제에 올리겠다고 약속했다.

밴드 에이드가 영국 및 아일랜드 출신 뮤지션들이 주축이 된 슈퍼그룹이었다면, 마이클 잭슨, 라이오넬 리치Lionel Richie 등이 중심이 된 미국 가수들은 'USA 포 아프리카USA for Africa'를 만들어 "We Are The World"라는 히트곡을 발매했다. 1985년 3월 7일에 싱글로 발매된 이 곡은 1000만 장 넘게 팔리는 기염을 토했다.

겔도프는 에티오피아 기금을 더 마련하기 위해 골몰하던 중 컬처 클럽Culture Club의 보이 조지의 제안을 받고 대규모 공연을 구상했다. 영국과 미국에서 동시에 공연을 하고, 위성중계를 통해 전 세계에 방영하면 에티오피아 문제에 더 많은 사람들이 관심을 갖게 될 것이라는 생각에 이르렀다.

결국 1985년 7월 13일 영국 런던의 웸블리 스타디움과 미국

라이브 에이드 공연장
(출처: Getty Images)

필라델피아의 존 F. 케네디 스타디움에서 역사적인 '라이브 에이드' 공연이 동시 개최됐다. 영화 '보헤미안 랩소디'에 등장하는 퀸의 무대는 16시간 공연 가운데 단 20분에 불과하다. 영국 무대에는 퀸 외에도 폴 매카트니, 엘튼 존, 데이비드 보위, 더 후, U2 등이 올랐다.

미국에선 밥 딜런, 듀란 듀란Duran Duran, 레드 제플린, 필 콜린스, 에릭 클랩튼, 닐 영Neil Young, 마돈나, 산타나Santana, 톰 페티Tom Petty, 브라이언 아담스Bryan Adams, 주다스 프리스트, 블랙 사바스 등이 무대에 섰다. 마지막 곡으로는 "Do They Know It's Christmas?"와 "We Are The World"가 각각 영국과 미국에서 연주됐다.

영국에선 약 7만2000명이, 미국에는 10만 명 정도가 운집해 공연을 관람한 것으로 집계됐다. 특히 위성중계를 통해 150개국에서 19억 명이 공연을 시청했다. 인터넷도, 스마트폰도 없던 시절에 당시 지구 인구의 약 40%에 달하는 어마어마한 숫자의 사람들이 공연을 함께 본 것이다.

공연을 중계한 BBC는 방송 내내 에티오피아를 돕기 위한 성금을 내는 방법을 안내했다. 또한 겔도프가 욕설을 섞어가며 성금을 독려하는 모습이 전파를 탄 효과로 총 1억5000만 달러 이상의 기금이 조성됐다.

공연 전까지만 해도 뮤지션들을 활용한 기금 모금 이벤트에 회의적인 시각도 많았다. 하지만 결과는 기대 이상이었고, 라이브 에이드 이후 유명인을 내세운 모금 행사는 하나의 문화 현상으로 자리를 잡았다.

물론 논란도 있었다. 1986년 음악 전문지 스핀Spin은 라이브 에이드 기금 일부가 멩기스투 하일레 마리암Mengistu Haile Mariam의 군사정부로 흘러가 기아 구제가 아닌 용도로 사용됐다고 보도했다. 2014년 영국 BBC도 기금 일부가 티그라얀 해방전선TPLF의 무기 구입에 사용됐다고 전했다.

그러나 라이브 에이드가 아프리카에 대한 국제사회의 관심을 끌어냈고, 이로 인해 아프리카에 대한 원조가 본격화됐다는 점은 부인할 수 없는 사실이다. 아프리카 전체의 극빈곤율은 1996년 60%에서 2011년에는 47%로 낮아졌다. 에티오피아는 2008년부터 2017년까지 연평균 10% 넘는 성장률을 보이며 아프리카의 경제 성장을 주도하고 있다. 이러한 기적이 한 록 뮤지션의 아이디어에서 시작된 것이라는 점은 놀랍다.

★

우드스탁 페스티벌의 저주

1969년 8월 15일부터 3일간 미국 뉴욕주 베델 평원에서 우드스탁 록 페스티벌Woodstock Rock Festival이 개최됐다. 지미 헨드릭스, 재니스 조플린, 산타나, 제퍼슨 에어플레인, 더 후를 비롯한 32개 팀이 무대에 섰다. 이 역사적인 공연은 지금 우리가 알고 있는 록 페스티벌의 기틀을 마련한 것으로 평가받는다.

존 로버츠John P. Roberts, 조엘 로젠먼Joel Rosenman, 마이클 랭Michael Lang, 아티 콘펠트Artie Kornfeld는 자유·사랑·평화를 기리는 젊은이들이 한 곳에 모여 축제를 즐기길 바라는 마음에서 '3일간의 평화와 음악3 Days of Peace and Music'을 슬로건으로 내걸고 우드스탁 페스티벌을 열었다.

당시 세계 정치·경제는 혼란스러운 상황이었다. 제2차 세계대전 직후 태어난 미국의 베이비붐 세대는 1960년대 들어 히피족이 되어 현실에서 도피했다. 술과 마약과 섹스는 이들의 탈출구였고, 록 페스티벌은 이를 모두 즐길 수 있는 완벽한 플레이 그라운드였다.

사실 록 페스티벌은 당시로서는 생소한 문화였다. 그러나 1967년에는 몬트레이 팝 페스티벌Monterey Pop Festival에 이어 2년 뒤 열린 우드스탁 페스티벌이 연이어 흥행하며 새로운 공연 형태로 자리를 잡았다. 그중에서도 우드스탁은 지금까지도 야외 음악 축제의 대명사로 불린다.

하지만 우드스탁 페스티벌이 순조롭게 열린 것만은 아니었다. 예상치 못한 변수가 공연을 전후해 쉴새 없이 튀어나왔다. 50년간 이어질 '우드스탁의 저주'의 시작이었다.

주최 측은 당초 공연 장소로 뉴욕주에 있는 월킬이란 마을을 선정하고 공연 티켓까지 판매했지만, 공연 수 주 전 주민들의 반대로 무산됐다. 베델 평원으로 장소를 옮긴 뒤에도 같은 문제가 계속됐다. 주민들은 히피들이 마을로 몰려오는 것을 두려워했다. 장소 변경으로 인해 무대 설치에 시간이 촉박하다 보니 음향이나 조명이 완벽하게 세팅되지 못했다.

우드스탁은 상업적으로도 실패했다. 당시 3일권 티켓 가격이 예약판매 18달러, 현장판매 24달러(현재 가치로 환산하면 각각 120달러, 160달러)였지만, 대부분 관객들은 담을 넘어와 공짜로 축제를 즐겼다. 결국 주최 측은 무료 공연을 선언하기에 이르렀다. 이에 비해 지미 헨드릭스에게 18만 달러(현재 가치 약 120만 달러)를 지불하는 등 뮤지션 섭외 비용은 천문학적이어서 주최 측은 막대한 적자를 봤

우드스탁 페스티벌 포스터

다고 한다.

우드스탁에 5만 명이 보러 올 것이라는 예측은 지나치게 겸손한 추산이었다. 사흘간 관객은 50만 명에 이르렀다. 작은 마을에서 공급할 수 있는 음식과 음료에는 한계가 있었고, 상당수 관객들은 굶주림에 시달렸다. 심지어 화장실은 833명 당 1개 꼴이어서 대부분 관객들은 아무데서나 생리현상을 해결했다. 당시 공연장에는 오줌 냄새와 똥 냄새가 진동했다고 전해진다.

날씨도 도와주지 않았다. 사흘 내내 폭우가 내리기를 반복했다. 우드스탁 페스티벌의 모습을 담은 사진에 진흙을 뒤집어쓴 관객들이 등장하는 것은 이 때문이다. 무대 장비가 비에 젖어 공연이 일시 중단되고 연주자들이 감전되는 사태도 일어났다. 이로 인해 공연이 순연되면서 마지막 무대를 장식한 지미 헨드릭스의 역사적인 공연 때는 관객이 10분의 1 밖에 안 남아 있었다.

우드스탁의 역사적 의미가 부각되는 바람에 널리 알려지진 않았지만, 사망 사고도 발생했다. 마약 과다복용으로 2명이 사망했고, 10대 청소년이 침낭 속에서 자다가 트랙터에 치여 죽는 비참한 일도 있었다.

우드스탁 페스티벌은 매년 열리진 않았지만, 10주년(1979년), 20주년(1989년), 25주년(1994년), 30주년(1999년), 40주년(2009년) 공연이 개최됐다. 그런데 중요한 순간마다 우드스탁의 저주가 되풀이됐다. 폭우가 내리거나 사망자가 생기거나, 아니면 상업적으로 실패했다.

특히 1999년 뉴욕주 롬에서 개최된 30주년 공연은 악명이 높다. '평화와 음악'이라는 우드스탁의 슬로건과는 정반대의 사건 사고가 발생했다. 집단 강간을 포함한 성폭행이 버젓이 자행됐고, 폭력과 방화, 기물 파손 등 온갖 범죄가 잇따랐다.

당시 관객들은 폭염에 지친 데다 공연장 내의 비싼 물가에 분노한 상태였다고 한다. 나흘간 40만 명이 공연장에 몰리며 공급이 수요를 따라가지 못하자 피자 한 판이 3500달러에 판매됐다는 증언도 있다.

뮤지션들도 관객들의 폭력을 부추겼다는 비난을 받는다. 림프 비즈킷Limp Bizkit의 노래 "Break Stuff"에 맞춰 관객들이 공연장 기물을 부순 것은 시작에 불과했다. 키드 록Kid Rock은 관객들을 무대로 올라오게 한 뒤에 플라스틱 물병을 객석으로 던지라고 시켰고, 레이지 어겐스트 더 머신Rage Against The Machine은 성조기를 불태우는 퍼포먼스를 했다.

샌프란시스코 이그재미너San Francisco Examiner의 저널리스트 제인 가날Jane Ganahl은 우드스탁 25주년 공연을 "음악이 사망한 날"이라고 명명했다.

'우드스탁의 저주'는 2019년에도 어김없이 이어졌다. 우드스탁 페스티벌 50주년을 맞아 2019년 8월 16일 미국에서 개최될 예정이던 '우드스탁 50'이 투자자 이탈과 장소 변경 등을 겪다 결국 취소된 것이다.

뉴욕타임즈는 우드스탁 50의 무산을 '룰이 바뀐 게임에 전직 선수가 복귀해 실패한 스토리'에 빗댔다. 오리지널 우드스탁 페스티벌의 기획자 가운데 하나인 마이클 랭이 50년 전과는 전혀 다른 공연 업계 환경을 고려하지 않은 채 철저한 준비 없이 뛰어들었다가 낭패를 봤다는 얘기다.

랭의 친구이자 공연 프로모터인 존 셔John Scher는 랭에 대해 "그는 몽상가"라며 "순수한 동기를 갖고 한 일"이라고 말했다. 애초에 돈을 벌 계산은 없었다는 의미이기도 하다. 셔는 랭이 처음 우드스탁 50 계획을 언급했을 때 이렇게 말했다고 한다.

"자네는 우드스탁을 세 번이나 하고도 한 푼도 못 벌었는데, 네 번째를 또 하겠다고?"

VI

Same ol' Situation

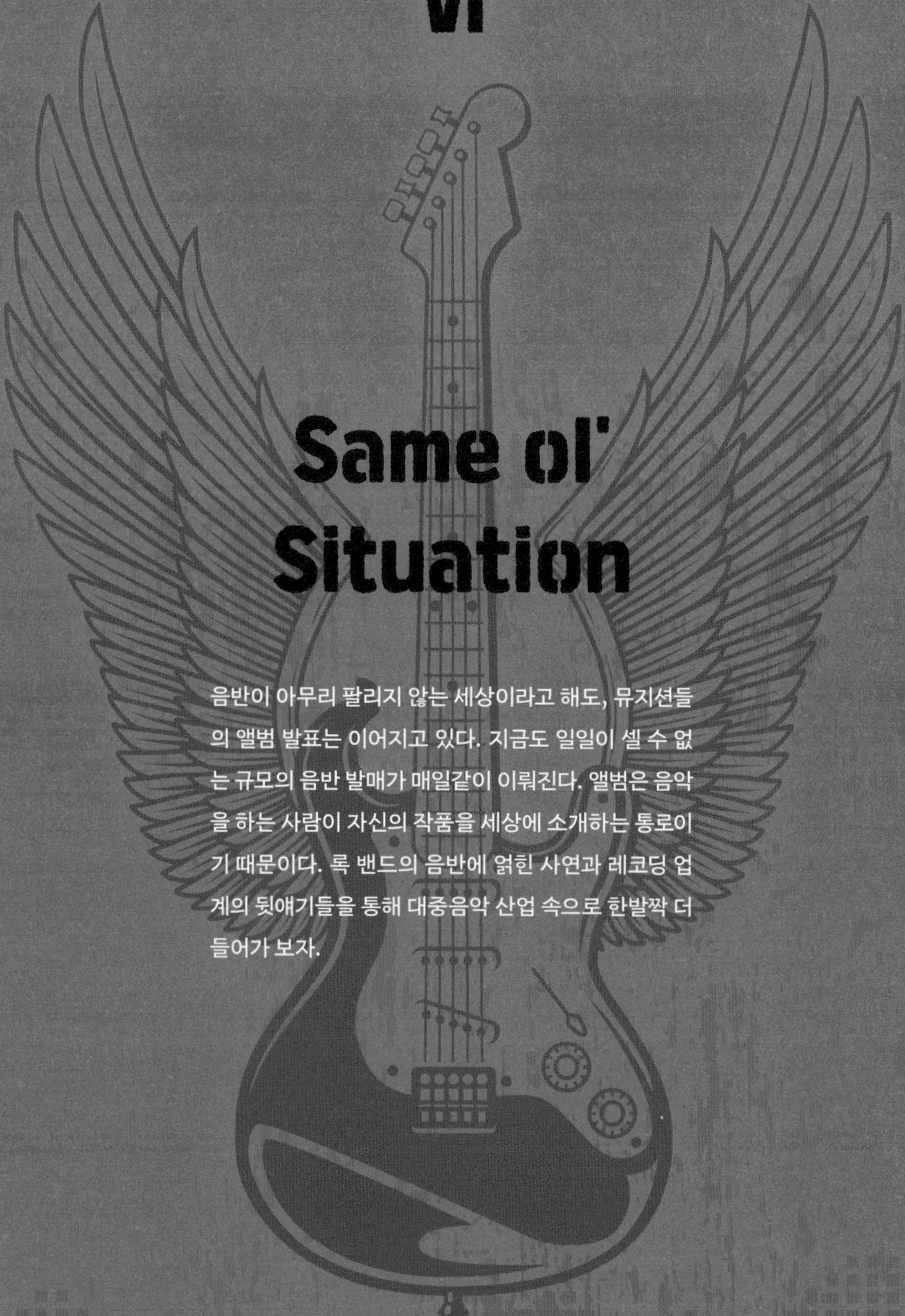

음반이 아무리 팔리지 않는 세상이라고 해도, 뮤지션들의 앨범 발표는 이어지고 있다. 지금도 일일이 셀 수 없는 규모의 음반 발매가 매일같이 이뤄진다. 앨범은 음악을 하는 사람이 자신의 작품을 세상에 소개하는 통로이기 때문이다. 록 밴드의 음반에 얽힌 사연과 레코딩 업계의 뒷얘기들을 통해 대중음악 산업 속으로 한발짝 더 들어가 보자.

★

저작권료 안 주려고 재녹음한 명반

1980년에 발표된 오지 오스본의 첫 솔로 앨범 'Blizzard of Ozz'는 헤비메탈 역사에서 가장 중요한 앨범 가운데 하나로 꼽히는 명반이다. 음악 전문지 롤링 스톤은 '역대 최고의 메탈 앨범Greatest Metal Albums of All Time' 9위에 이 앨범을 올렸다.

그런데 지난 2002년 이 앨범의 오리지널 레코딩에서 베이스와 드럼 파트만 새로 녹음한 음반이 재발매되는 일이 일어났다. 명반의 오리지널리티를 훼손했다는 비난을 받았던 황당한 사건의 배경에는 다름아닌 저작권료가 있었다.

"Crazy Train", "Goodbye to Romance", "Suicide Solution" 등 명곡이 빼곡하게 담긴 오스본의 1집에는 랜디 로즈Randy Rhoads(기타), 밥 데이슬리Bob Daisley(베이스), 리 커슬레이크Lee Kerslake(드럼)가 참여했다. 이 라인업은 2집 'Diary of a Madman'까지 이어졌다.

오지 오스본의 'Blizzard of Ozz'

하지만 두 앨범의 발매 당시 연주자 크레디트에는 데이슬리와 커슬레이크의 이름이 없었다. 오스본과 로즈, 그리고 녹음에 참여하지도 않은 루디 사르조Rudy Sarzo와 토미 알드리지Tommy Aldridge의 이름이 표시됐다. 데이슬리와 커슬레이크가 계약서에 사인하기 전에 밴드에서 퇴출됐기 때문이다.

두 사람은 앨범 크레디트에서 제외된 것은 물론이고, 이 때문에 저작권료도 제대로 받지 못했다. 이들은 1986년부터 수차례에 걸쳐 소송을 제기했고, 결국 1집과 2집 연주자로 이름을 올릴 수 있게 됐다. 그러나 미지급된 로열티에 대한 소송은 기각됐다.

심지어 오지 오스본은 이들에게 앞으로도 저작권료를 주지 않기 위해 꼼수를 썼다. 2장의 앨범에서 베이스와 드럼 파트만 새로 녹음한 것이다. 녹음 작업에는 마이크 보딘Mike Bordin과 로버트

트루히요Robert Trujillo가 참여했다.

이런 발상은 오지 오스본의 부인이자 매니저인 샤론Sharon에게서 나왔을 것으로 추측된다. 샤론은 원래 '블리자드 오브 오즈Blizzard of Ozz'였던 밴드 이름을 앨범 발매 직전 바꿔 오지 오스본의 솔로 앨범으로 만들어버린 인물이기도 하다.

2002년에 발매된 리마스터반이 오리지널리티를 훼손했다는 비난을 받자 샤론은 "데이슬리와 커슬레이크의 모욕적이고 부당한 행동 때문에 오지는 음반에서 그들을 제거하고 싶어했다"며 "우리는 오리지널 앨범에 신선한 사운드를 추가함으로써 부정적인 것을 긍정적인 것으로 만들었다"고 강조했다. 재녹음 결정을 한 것은 자신이 아니라는 주장이었다.

하지만 오지 오스본은 2009년 자서전에서 재녹음 결정은 샤론이 한 것이라고 반박했다. 그는 "와이프가 한 일이며, 난 알지도 못했다"고 강조했다. 이듬해 인터뷰에선 "난 원래의 것을 되돌려놓길 원한다"고 말하기도 했다. 그의 말대로 2011년에 나온 30주년 기념반은 데이슬리와 커슬레이크가 녹음한 오리지널 레코딩을 토대로 제작됐다.

그래도 문제가 완전히 해결된 건 아니다. 과거 미지급된 로열티 문제가 여전히 남았다. "Crazy Train"를 비롯한 대부분의 곡을 공동 작곡한 데이슬리는 계속해서 소송전을 이어갔다. 그는 2016년 소장에서 미지급된 저작권료가 200만 달러에 달한다고 주장했다.

이에 대해 오스본 측은 "36년이 지났으면 데이슬리는 건강하지 못한 집착과 오스본의 성공에 대한 억울함을 버릴 것으로 기대했다"며 저작권료를 줄 수 없다는 점을 분명히 했다.

반면, 밴드에 가장 늦게 합류해 작곡 기여도가 낮은 커슬레이크는 소송을 포기했다. 그는 2018년 12월 메탈 보이스Metal Voice와의 인터뷰에서 "(오스본 측과) 화해했다"며 "모든 것을 잊었고 용서했다"고 했다.

다만 그는 다른 것을 요구했다. 전립선암으로 시한부 인생을 선고받은 그는 "최근 샤론과 오지에게 편지를 썼다. 내가 죽기 전에 벽에 걸어놓을 수 있도록 'Blizzard of Ozz'나 'Diary of a Madman' 앨범의 플래티넘(100만 장 판매) 인증서를 보내달라고 부탁했다"며 "이것은 나의 버킷리스트"라고 말했다.

미국레코드협회RIAA에 따르면 'Blizzard of Ozz'는 총 400만 장 이상 팔렸고, 'Diary of a Madman'은 300만 장 넘게 판매됐다. 두 앨범의 성공을 바탕으로 오지 오스본은 '헤비메탈의 대부', '어둠의 왕자' 등으로 불리며 최고의 메탈 보컬리스트로 이름을 날렸다. 2017년 기준 그의 재산은 2억2000만 달러에 달하는 것으로 알려졌다.

오지 오스본이 한때 무대에 함께 섰던 동료 음악인 커슬레이크의 마지막 부탁을 들어주는 것은 별로 어려운 일은 아니었다. 그는 2018년 12월 커슬레이크에게 "기분이 나아지길 바란다"며 두 앨범의 플래티넘 인증서를 보냈다.

★

커트 코베인 사망 후 급증한 앨범 판매

호랑이는 죽어서 가죽을 남기고, 사람은 죽어서 이름을 남긴다고 했다. 뮤지션들은 이름 말고도 음악을 남긴다. 그리고 죽은 후에도 음악은 영원히 사랑받는다. 특히 유명 뮤지션의 사망 직후에는 음반 또는 음원 판매가 일시적으로 치솟는다.

너바나의 커트 코베인이 1994년 4월 5일 자살하자 당시 너바나의 최근작이었던 'In Utero'는 빌보드 앨범 차트 72위에서 27위로 뛰어올랐다. 그로부터 3년 전인 1991년에 발표된 2집 'Nevermind' 앨범 판매는 200% 가까이 증가했다.

비틀즈의 존 레논이 1980년 12월 8일 괴한의 총격을 받고 살해됐을 때도 그랬다. 사망 한 달 전에 발표된 존 레논의 솔로 앨범 'Double Fantasy'는 평론가들과 팬들의 외면을 받았지만, 사망 직후 차트 1위로 직행했다.

실물 음반 판매보다 음원 스트리밍 횟수가 중요해진 시대에도 이같은 현상은 그대로 이어지고 있다.

지난 2017년 7월 20일, 린킨 파크Linkin Park의 보컬리스트였던 체스터 베닝턴Chester Bennington이 스스로 목숨을 끊었다. 다음 날, 린킨 파크의 음원 스트리밍은 전일 대비 7000% 치솟았다.

같은 해 3월 18일, 로큰롤의 선구자였던 척 베리가 사망했을 때도 마찬가지였다. 척 베리의 대표곡 "Johnny B. Goode"의 스트리밍은 5800% 증가했고, "Maybellene"은 9300% 늘었다.

이에 앞서 2016년, 데이비드 보위가 세상을 떠난 직후 발매된 그의 유작 'Blackstar'는 한 주 뒤 빌보드 앨범 차트 1위에 올랐다. 1960년대부터 음악 활동을 한 보위의 앨범이 미국에서 1위를 차지한 것은 이때가 처음이었다.

너바나의 'Nevermind'

'팝의 제왕' 마이클 잭슨이 2009년 약물 남용으로 사망했을 때도 마찬가지였다. 1982년에 발표된 앨범 'Thriller' 판매가 급증하는 바람에 빌보드는 '2년 이상 된 앨범은 차트에서 제외한다'는 정책을 폐기하고 이 앨범을 1위에 올렸다.

프린스가 2016년 사망하자 그의 과거 작품인 '1999'와 'Purple Rain'은 나란히 빌보드 앨범 차트 10위 안에 들었다. 그해 프린스의 앨범 판매는 총 770만 장에 달했다. 이듬해 발매된 프린스의 'Purple Rain' 디럭스 패키지는 빌보드 차트 4위를 기록했다.

마라 슈와츠 쿠지Mara Schwartz Kuge 슈페리어 뮤직Superior Music Corp. 대표는 CNBC와의 인터뷰에서 이같은 현상에 대해 "언론을 통해 아티스트의 사망 사실이 전해지면서 궁금증을 유발하기 때문"이라며 "또한 아티스트를 약간 알고 있는 사람들도 음원을 다시 듣게 된다"고 설명했다.

그는 사망한 뮤지션의 음원 스트리밍이 치솟는 또 하나의 이유로 '향수'를 꼽았다. 린킨 파크의 경우, 지금은 어른이 된 세대가 고등학생 시절 즐겨듣던 밴드라는 점에서 향수를 자극한다는 얘기다.

★

소포모어 징크스 극복한 명반

첫 작품에서 성공한 후 내놓은 두 번째 작품이 흥행이나 완성도에서 첫 작품에 비해 부진한 현상을 '소포모어 징크스sophomore jinx'라고 부른다. 영화계에서 흔히 '전편만 한 속편 없다'고 하는 말과 같은 뜻이다.

소포모어 징크스는 대중음악에서도 흔히 나타난다. 이유는 이렇다. 뮤지션들은 데뷔 앨범에 모든 열정을 쏟아붓는다. 록 스타의 꿈을 키우며 수년 동안 작곡한 가장 좋은 곡을 수록하는 것은 당연하다. 그러나 데뷔 앨범이 성공하면 곧바로 2집을 준비해야 한다. 이미 모든 걸 쏟아부은 직후 1~2년 내에 또 새로운 창작을 해야 한다는 것은 웬만한 아티스트들에게는 굉장한 스트레스다.

제트Jet의 'Shine On', 더 킬러스The Killers의 'Sam's Town', U2의

메가데스의 'Peace Sells…But Who's Buying?'

'October' 등은 데뷔 앨범에 비해 실망스럽다는 평가를 받은 작품들이다. 물론 훗날 재평가받는 앨범들도 있지만, 적어도 발매 당시에는 그랬다.

메가데스의 데이브 머스테인Dave Mustaine은 지난 2010년 인터뷰에서 첫 앨범 성공 후 두 번째 앨범을 준비하던 당시를 회고하면서 "어느 밴드에게나 2집은 '전부가 되거나 아무것도 아니게 되는' 작품"이라며 "두 번째 앨범에 따라 밴드가 다음 단계로 올라서거나 바닥에 떨어지기 시작하게 된다"고 말했다.

그러나 모든 밴드가 소포모어 징크스를 겪는 것은 아니다. 오히려 두 번째 앨범을 통해 전성기를 맞는 경우도 많다. 데뷔 앨범은 기획 단계에서부터 연주나 창법에 이르기까지 소속사의 입김에 크게 좌우되는 반면, 어느 정도 인기를 얻게 되면 아티스트의 역량을 제대로 발휘할 수 있기 때문이다.

레드 제플린의 'Led Zeppelin II', 블랙 사바스의 'Paranoid', 너바나의 'Nevermind', 라디오헤드Radiohead의 'The Bend'는 모두 2집 앨범들이다. 메탈리카 역시 두 번째 앨범 'Ride the Lightning'이 데뷔 앨범보다 호평을 받았고, 메가데스의 'Peace Sells…But Who's Buying?'도 마찬가지다. 본 조비, 포이즌, 신데렐라 등도 2집에 이르러 본격적인 상업적 성공을 거뒀다.

대중음악계에서 소포모어 징크스보다 유명한 현상은 '어려운 세 번째 앨범The Difficult Third Album'이다. 뮤지션들이 1집이나 2집과는 다른 음악 스타일을 시도하면서 겪는 어려움을 의미한다. 도어즈는 이 현상을 극복하고 3집 'Waiting for the Sun'을 통해 최고의 전성기를 누렸다.

★

일본 음반에는 왜 보너스 트랙이 있을까

1997년 동두천 캠프 케이시Camp Casey 주한미군 부대에서 카투사KATUSA로 군 복무를 하던 때의 일이다. 룸메이트였던 윌리엄스 이병PV2 Williams이 메탈리카의 모든 곡을 CD로 가지고 있다고 자랑했다. 그는 희귀 음반인 "The $5.98 E.P. / $9.98 CD: Garage Days Re-Revisited"까지 소장하고 있었으니 그럴 만도 했다.

윌리엄스에게 "So What?"이라는 곡도 있느냐고 물었다. 금시초문이라고 했다. 이 곡은 흔히 '블랙 앨범The Black Album'으로 불리는 메탈리카의 다섯 번째 스튜디오 앨범의 일본판 보너스 트랙이다. 일본에서는 1991년에 발표된 곡이지만, 미국 등 다른 나라에는 1998년에야 소개됐다. 당시로서는 그가 모르는 게 당연했다. '보너스 트랙'이라는 새로운 세상을 알게 된 윌리엄스는 그날 이후 일본판 CD를 모으는 데 몰두했다.

메탈리카뿐이 아니다. 미국이나 유럽의 유명 뮤지션들은 대부분 일본에서 앨범을 발표하면서 보너스 트랙을 제공한다. 언뜻 유난히 충성심이 깊은 일본 팬들을 위한 특별한 배려처럼 보여서 한국을 비롯한 다른 국가 소비자들의 불만과 부러움을 동시에 사고 있다.

하지만 알고 보면 속사정은 복잡하다.

일본은 인건비 등 제조비용이 높고, 유통 구조도 복잡해 똑같은 제품이라도 소비자가격이 다른 나라보다 높은 경우가 많다. CD가 대표적이다. 예를 들어 미국에서 11.99달러(약 1만4200원)인 음반을 일본에서 수입해 판매하면 1600엔(약 1만7800원)이지만, 일본 레코드 회사에서 라이센스 발매하면 2800엔(약 3만1200원)이다.

똑같은 뮤지션의 동일한 앨범도 미국에서 수입한 CD보다 일

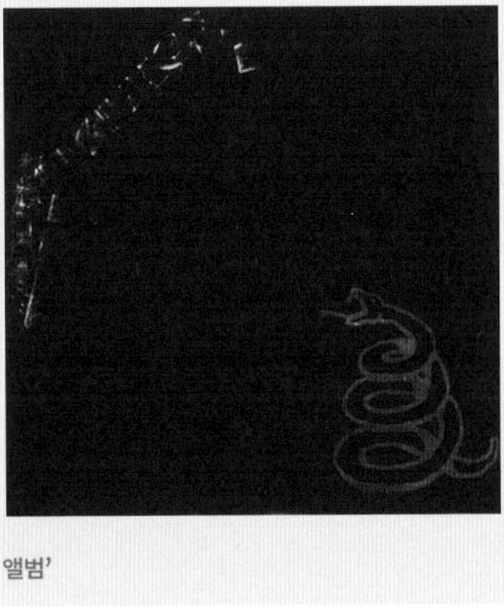

메탈리카의 '블랙 앨범'

본에서 라이센스로 발매한 음반이 더 비싼 상황에서 발생하는 '교차수요'를 막기 위해 보너스 트랙을 수록하는 것이다. 한 마디로 일본 레코드 회사들의 마케팅 전략인 셈이다.

교차수요란 시장에서 비슷한 제품을 A와 B가 판매할 때 A의 제품 가격이 낮을 경우 B의 상품 수요가 A의 상품 수요로 옮겨가는 것을 말한다. 대체재와는 조금 다른 개념이다. 메탈리카와 메가데스는 커피와 홍차처럼 대체재가 될 수 있지만, 메탈리카의 5집 수입 음반과 라이센스 음반은 교차수요에 가깝다.

그렇다면 일본 밴드인 엑스 재팬X Japan이나 글레이Glay의 CD는 왜 외국 아티스트의 라이센스 음반과 똑같이 비쌀까? 이는 일본 뮤지션들은 해외에서 음반을 발매하는 경우가 드물기 때문이다. 교차수요가 없는데 굳이 낮은 가격에 판매할 이유가 없는 것이다.

★

일본인들이 여전히 CD를 구입하는 까닭

일본인 대다수는 여전히 CD로 만들어진 음반을 구입한다. 2020년 현재 도쿄 시내에는 타워 레코드Tower Records 같은 대형 음반매장이 성업 중이다. 한국, 미국 등 다른 대부분의 나라에선 이미 사라진 풍경이다.

기본적으로 일본인들은 단지 디지털 음원을 감상하기보다 실물 음반을 '소장' 또는 '수집'하려는 욕구가 강하다고 한다. 그래서 레코드 회사들은 CD 음반에 포함된 표지와 가사집에도 유난히 공을 들인다. 같은 앨범이라도 일본반을 구입해 보면 미국반이나 한국반에 비해 풍성한 내용물과 높은 품질에 놀라게 된다.

특히 한정판은 CD 판매를 유지하는 핵심이다. 앨범 커버를 일반판과 다르게 내놓거나 DVD를 첨부하는 경우가 대표적인데, 팬이라면 모두 사는 경우가 많다. 2019년 발매된 베이비메탈

Babymetal의 'Metal Galaxy' 앨범은 통상반과 함께 DVD를 첨부한 한정반, 커버를 다르게 한 'Sun 에디션'과 'Moon 에디션'이 초회 한정반으로 나왔다. 소장 가치가 높은 초회한정반은 통상반에 비해 높은 가격에도 불구하고, 발매되자마자 품절됐다.

악수회 같은 이벤트도 CD 판매에 영향을 준다. 일본을 대표하는 걸 그룹 AKB48은 CD 싱글에 악수회 참가권을 넣어 판매해 재미를 톡톡히 본 것으로 유명하다. 다음 시즌 활동할 멤버를 뽑는 총선거 투표권은 CD 1장에 1매이기 때문에 한 번에 수백, 수천 장씩 음반을 구입하는 '오타쿠'도 있다.

이런 이유들에 힘입어 일본 음악 시장에서 CD는 스트리밍, 다운로드보다 훨씬 큰 비중을 차지하고 있다. 일본레코드협회RIAJ에 따르면 2019년 전체 시장 규모인 2997억6000만엔 가운데 CD는 68.9%를 차지했다. 스트리밍은 19.3%, 다운로드는 10.3%, LP 등 다른 포맷은 1.5%였다.

그런데 주목할만한 것은 2018년에 비해 CD 점유율이 71.9%에서 조금 낮아지고, 스트리밍 비중은 14.6%에서 다소 높아졌다는 점이다. 스포티파이, 애플 뮤직 등이 일본 스트리밍 시장의 규모를 꾸준히 키우고 있다는 의미다. 한때 2억7600만 장에 달했던 일본의 CD 생산량은 2018년 이후 100만 장을 밑돌고 있다.

일본은 미국에 이은 2위의 음악 시장이다. 2000년 이후 전 세계 CD 판매가 급감한 상황에서도 유일하게 CD 소비를 멈추지 않은 일본인들이 스트리밍에 눈을 돌리고 있다는 점을 글로벌 레코드 업계는 주목하고 있다.

일본 음악 업계 관계자는 “일본 리스너들이 스트리밍을 통한 새로운 경험에 맛을 들이면 일본 내 스트리밍 서비스 시장은 더욱 확대될 것”이라고 말했다.

★

퇴물 취급받던 바이닐의 역주행

흔히 '레코드판' 또는 '바이닐vynil'이라고 부르는 LP 시장이 역주행하고 있다. 1980년대 CD의 등장 이후 '퇴물' 취급을 받던 LP는 2006년부터 2019년까지 14년 연속 판매 증가를 기록했다.

음반 판매량을 집계하는 닐슨 뮤직Nielson Music에 따르면 2019년 1월 4일부터 2020년 1월 2일까지 약 1년간 LP는 미국에서 총 1884만 장이 팔렸다. 전년 대비 14.5% 증가한 규모다.

이 기간 LP 판매는 디지털(음원 파일)과 피지컬(실물 음반)을 모두 합친 앨범 판매량의 16.7%를 차지했다. LP, CD, 카셋트 테이프 등 전체 피지컬 앨범 중에선 LP 비중이 25.6%에 달했다. 이는 닐슨 뮤직이 1991년 관련 통계를 작성하기 시작한 이후 가장 높은 점유율이다.

2019년 LP 시장의 성장세는 비틀즈가 이끌었다. 1969년에 처음 나온 앨범 'Abbey Road'가 50주년 디럭스 에디션 발매에 힘입어 24만6000장 판매됐다. 이를 비롯해 비틀즈 LP 앨범은 한 해 동안 미국에서만 47만1000장이 팔렸다.

LP 판매 상위에는 퀸(34만5000장), 빌리 아일리시Billie Eilish(25만 장), 핑크 플로이드Pink Floyd(21만7000장), 플리트우드 맥Fleetwood Mac(14만9000장), 너바나(14만1000장), 프린스(14만 장), 레드 제플린(13만4000장), 마이클 잭슨(12만7000장), 프랭크 시나트라Frank Sinatra(12만5000장) 등이 뒤를 이었다. 주로 클래식 록·팝 앨범이 많이 팔렸지만 빌리 아일리시와 같은 신예 아티스트도 LP 판매 상위에 올라 눈길을 끌었다.

업계 전문가들은 LP 시장 규모가 공식 집계보다 훨씬 클 것으로 보고 있다. 앨범 판매량 통계에는 중고 거래가 포함되지 않기 때문이다. 미국에서 디스콕스Discogs, 이베이Ebay 등을 통해 거래되는 중고 LP는 수백 만장에 이를 것으로 추정되고 있다.

물론 LP 시대가 다시 도래한 것은 아니다. 디지털 음원 스트리밍이 미국에서 연간 1조 건을 기록하고 있는 것을 고려하면 시장 규모 자체가 비교 불가다. 단지 음악을 감상하는 방식이 디지털 음원 스트리밍으로 급속하게 변화하면서 잊고 있던 '소장' 욕구가 LP를 통해 분출되고 있는 게 아닐까?

음반을 거꾸로 돌리면 악마의 메시지가?

1980년대에는 독실한 기독교인 가운데 록 음악을 기피하는 사람들을 쉽게 찾을 수 있었다. '악마의 음악'이라는 이유에서다. 물론 악마주의를 표방하는 록 밴드도 존재한다. 하지만 대부분의 로커들은 악마와 무관한 노래를 부른다. 도대체 '록=악마'라는 공식은 누가 만든 걸까?

이에 대한 대답을 찾기 위해선 인종차별이 극심했던 1950년대 미국 사회를 이해할 필요가 있다. 로큰롤의 탄생에 영향을 준 R&B와 재즈는 모두 흑인 음악이었다. 당시에는 이런 음악을 '인종 음악race music'이라는 다분히 차별적 단어로 불렀다. 인종 음악에서 발전한 로큰롤 역시 초기에는 흑인 뮤지션들에 의해 연주됐다. 엘비스 프레슬리가 데뷔하기 전까지 로큰롤은 흑인의 전유물과도 같았다.

당시 백인들은 흑인이 만든 음악을 듣는 것을 꺼렸다. 심한 경우에는 흑인이 부른 노래가 담긴 음반을 만지지도 않았다고 한다. 그런데 청소년들은 달랐다. 흑인들이 연주하는 로큰롤에 열광했다. 이러한 현상을 주류 사회의 백인 어른들은 당연히 달가워하지 않았다. 백인 가정에서는 아이들에게 로큰롤을 듣지 못하게 하는 일도 빈번하게 일어났다.

특히 로큰롤이라는 단어는 흑인들 사이에서 '섹스'를 뜻하는 속어로 사용되는 말이었다. 백인들은 기존 가수들에게서 볼 수 없었던 로큰롤 뮤지션들의 자극적인 몸짓을 보면서 음란한 성행위를 떠올렸다.

급기야 백인 중심의 기독교인들이 로큰롤 반대 운동을 벌였다. 목사들은 로큰롤을 악마의 음악이라고 칭하면서 교인들로 하여금 로큰롤 음반을 불태울 것을 지시했다. 수많은 로큰롤 음반이 화염 속으로 던져졌다. 교회와 록 음악계의 오랜 악연의 시작이었다.

백인 기독교인들은 표면적으로는 로큰롤 노래의 성적인 가사를 문제 삼았지만, 사실 이들이 두려워한 것은 흑인 문화가 백인 젊은이들을 물들이는 것이었다.

갑자기 대세가 된 로큰롤의 인기로 인해 무대가 좁아진 기존 인기 가수들도 교회를 지지하고 나섰다. 1940년대 최고 스타였던 프랭크 시나트라가 대표적이다. 그는 엘비스 프레슬리의 음악에 대해 "썩은 냄새가 나는 최음제"라고 혹평하며 "그의 음악은 젊은이들의 부정적이고 파괴적인 행동을 부추긴다"라고 주장했다.

그러나 이미 대중음악의 대세가 된 로큰롤을 교회가 멈추게 할 수는 없었다. 엘비스에 이어 수많은 백인 로큰롤 뮤지션들이 무대에 오르면서 로큰롤은 더 이상 흑인들만의 음악이 아니었다. 1950년대 후반에 들어선 교회에서도 로큰롤 음악 형식을 도입한 가스펠을 부르기 시작했다. 기독교의 완벽한 패배였다.

그러나 이것이 끝이 아니었다. 기독교계는 1970년대 후반 들어 나름대로 그럴듯한 근거를 들고 나왔다. 레코드판을 거꾸로 틀면 악마의 메시지가 나온다는 주장이었다.

음악을 거꾸로 재생하면 특정 메시지가 나오도록 하는 녹음 기술을 백마스킹backmasking이라고 하고, 이렇게 재생된 소리를 백워드 메시지backward message라고 한다. 실제로 1966년 비틀즈가 백마스킹을 시도한 이후 록 밴드들은 노래에 백워드 메시지를 숨겨놓곤 했다. 당시 록 마니아들 사이에선 백마스킹 찾기가 유행하기도 했다. 서태지와 아이들의 "교실 이데아"를 거꾸로 틀면 '피가 모자라'라는 백워드 메시지가 나온다는 논란이 한국에선 가장 유명한 백마스킹 사례다.

음악 업계 종사자들의 말에 따르면 백마스킹은 매우 번거로운 작업이며, 논란이 일고 있는 대부분의 백워드 메시지는 우연의 일치인 경우가 많다. 그러나 기독교계는 로커들이 의도적으로 백마스킹을 이용해 악마의 메시지를 전파하고 있다고 주장했다.

이 같은 주장은 소비자의 잠재의식을 공략하는 서브리미널 광고가 인기를 끌면서 설득력을 얻었다. 서브리미널 광고는 인간의 감각이 인식하지 못하는 메시지를 잠재의식이 인지한다는 이론에 착안한 마케팅 기법이다. 영화 상영 중 '배고프세요? 팝콘을 드세요'라는 메시지를 3000분의 1초 동안 반복적으로 보여줬더니 극장 내 팝콘 매출이 늘었다는 실험은 유명하다. 기독교계는 서브리미널 광고와 마찬가지로 백마스킹이 삽입된 노래를 정상적인 방향으로 재생해도 잠재의식은 백워드 메시지를 인식한다고 경고했다.

기독교계의 공세는 1985년 티퍼 고어 여사가 주도해 설립한 PMRC가 가세하면서 더욱 불붙었다. 레드 제플린과 핑크 플로이드Pink Floyd를 비롯한 몇몇 밴드들은 백마스킹으로 사타니즘을 홍보했다는 혐의로 소송을 당하기도 했다.

하지만 1980년대는 록의 시대였다. 기독교와 학부모 단체가 유명 밴드들의 인기를 잠재우진 못했다. 특히 기독교계는 틈만 나면 록과 악마주의를 연결시켜 공격해 왔다는 점에서 백마스킹을 문제삼은 것이 놀라운 일도 아니었다. 이들이 뭐라고 떠들건 대중은 헛소리로 치부했다.

백마스킹이 대중의 주목을 받은 사건은 1988년에 일어났다. 22세 여성 등 13명을 잔인하게 살해한 연쇄 살인마 리처드 라미레즈Richard Ramirez가 미국 캘리포니아주에서 열린 재판에서 AC/DC의 "Night Prowler"를 듣고 범행을 저질렀다고 진술하면서다. 이 곡에서는 백마스킹이 발견되지 않았지만, 같은 앨범에 수록된 "Highway to Hell"은 'I'm the law내가 법이다', 'My name is Lucifer내 이름은 루시퍼', 'She belongs in hell그녀는 지옥이 알맞아' 등의 백워드 메시지가 담겨있다는 주장이 제기됐다.

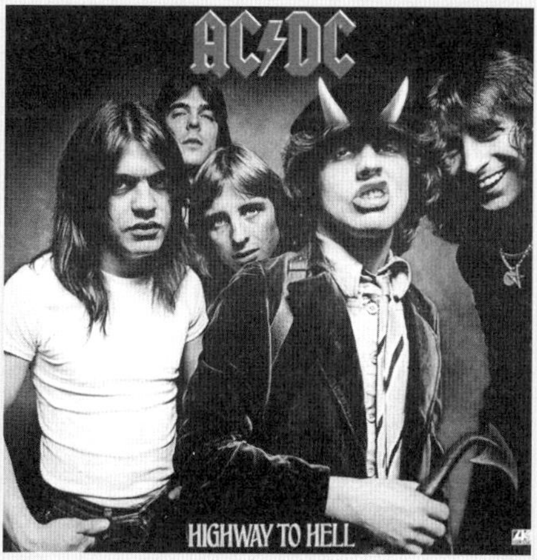

AC/DC의 'Highway to Hell'

록 음악계에는 악재가 이어졌다. 1990년 주다스 프리스트는 네바다주에 살던 한 청년의 자살을 조장했다는 혐의로 법정에 섰다. 함께 자살 기도를 했다가 살아남은 청년과 유족들은 "Better By You, Better Than Me"에 숨어있는 메시지 'Try suicide 자살해봐', 'Do it 해봐'이 자살을 부추겼다고 진술했다. 법원은 증거불충분을 이유로 기각했지만, 일련의 사건을 통해 록이 악마의 음악이라는 인식이 널리 퍼졌다.

기독교계는 승리감에 도취됐다. 그러나 악마주의 논란이 록 밴드들의 매출에는 별로 영향을 주지 않았다. 오히려 노이즈 마케팅 효과가 더 컸다고 보는 게 정확하다. 록을 듣지 않던 사람들도 AC/DC와 주다스 프리스트를 알게 됐다. 기독교와 학부모 단체를 못마땅하게 생각하는 일부 청소년들은 악마주의에 매료되기도 했다.

연쇄 살인범 재판 2년 후인 1990년에 발매된 AC/DC의 'The Razor's Edge' 앨범은 빌보드 앨범 차트 2위까지 오르는 기염을 토했고, 앨범 발매를 기념한 공연은 매진됐다. 자살 소송 직후 나온 주다스 프리스트의 'Painkiller' 앨범은 빌보드 26위까지 올랐으며, 지금까지도 헤비메탈 필청 음반으로 꼽힌다.

백마스킹은 지금도 종종 이뤄지고 있다. 다만 음악인들은 백마스킹을 통해 사타니즘을 홍보한다는 기독교계의 주장에 대해선 어이가 없다는 입장이다. 청소년 자살 사건으로 인해 법정에 출두했던 주다스 프리스트의 롭 핼포드Rob Halford는 훗날 "우리가 음악에 서브리미널 메시지를 넣었다면 팬들을 죽음으로 몰아넣는 비생산적인 명령을 하기보다는 '우리 음반을 더 사라'는 명령이 더 좋지 않았겠느냐"고 말했다.

애초부터 백워드 메시지가 인간 행동에 영향을 준다는 기독교계의 주장은 억지스러웠다는 지적이 많다. 티모시 무어Timothy Moore 요크 대학교York University 교수는 1988년 연구에서 "백워드 메시지를 들은 사람들이 의식적으로든 무의식적으로든 영향을 받는다는 증거는 없다"고 결론내렸다. 마크 앨런Mark Alan 버밍엄 영 대학교Brigham Young University 교수는 1992년 논문에서 "백마스킹을 통해 서브리미널 메시지를 전달한다는 것은 완전히 불가능하고 우스꽝스러운 일"이라고 지적했다.

★

메탈리카는 무엇을 위해 싸웠는가

지난 1999년 6월 냅스터가 등장했다. 미국의 프로그래머 숀 패닝Shawn Fanning과 그 친구이자 투자자였던 션 파커Sean Parker가 창업한 이 회사는 음원 파일을 P2P로 공유하는 서비스를 사실상 세계 최초로 선보여 화제가 됐다. 한때 한국에서 인기를 끌었던 소리바다의 원조라고 보면 이해가 편하다.

냅스터의 등장은 '음악을 듣는 방법'의 변화를 부추겼다. 음원으로 유통되는 MP3 파일이 대중화된 것이 1997년이었지만, 여전히 많은 사람들은 CD로 음악을 들었다. 그러나 아무리 음악을 좋아한다고 해도 모든 CD를 다 사모을 수는 없었고, CD로는 구할 수 없는 희귀 라이브 음원이나 미발표곡도 있었다. 냅스터는 이러한 갈증을 해소해줬다.

문제는 냅스터에 유통되는 MP3 파일은 저작권을 침해하는 음원이 대부분었다는 점이다. 냅스터 이용자들은 특정 아티스트의 고음질 음원을 앨범 단위로 다운로드해 디스코그래피를 완성할 수 있었다. CD 매출이 2000년 정점을 찍고 하향 곡선을 그린 것은 냅스터의 등장과 무관하다고 보기 어렵다.

아티스트들은 냅스터를 눈엣가시처럼 여겼지만, 음악 매체가 CD에서 MP3로 이동하는 대대적인 변화 속에서 어떻게 대응해야 할지 판단하기 어려웠다. 특히 냅스터 이용자들은 '파일 공유'라는 표현을 썼기 때문에 '불법 다운로드'와는 어감이 달랐던 것도 사실이다.

총대를 멘 것은 미국 스래시메탈 밴드 메탈리카였다. 이들은 영화 '미션 임파서블2Mission: Impossible II'의 주제곡으로 만든 신곡 "I Disappear"가 발매되기도 전에 냅스터에서 불법 유통되고 있다는 것을 알아채고, 2000년 3월 냅스터를 저작권법 위반 혐의로 고소했다. 메탈리카의 드러머 라스 울리히Lars Ulrich는 냅스터를 이

냅스터 로고

용한 음원 공유가 "남의 것을 묻지도 않고 빌리는 일"이라고 지적했다.

디지털 음원의 저작권에 대한 인식이 명확하게 자리를 잡은 지금 기준으로는 너무나 당연한 일이었지만, 당시엔 메탈리카가 돈에 눈이 멀었다는 비난 여론도 상당했다. 림프 비즈킷, 아이언 메이든, 레이지 어겐스트 더 머신 등 일부 동료 밴드들은 냅스터 편에 서기도 했다.

냅스터에 대한 찬반양론이 팽팽한 가운데 샌프란시스코 연방법원은 아티스트의 손을 들어줬고, 냅스터는 2001년 7월 P2P 서비스를 중단했다. 이후 냅스터는 매각과 합병 등을 거듭한 끝에 2016년 랩소디Rhapsody에 인수됐고, 현재 음원 스트리밍 서비스를 하고 있다.

이렇게 메탈리카와 냅스터의 싸움은 1년여 만에 메탈리카의 승리로 끝났다. 하지만 냅스터가 촉발한 '디지털 트랜스포메이션digital transformation'은 메탈리카도 거스를 수 없는 대세가 됐다. CD 판매는 2001년부터 하향 곡선을 그리기 시작해 20년째 지속됐다. 지금은 MP3를 다운로드할 필요도 없이 스트리밍으로 음악을 듣는 사람들이 대부분이다. 메탈리카도 2012년 12월부터 스포티파이 등 음원 스트리밍 서비스를 통해 모든 앨범을 제공하고 있다.

메탈리카의 기타리스트 커크 해밋Kirk Hammet은 2020년 1월 한 팟캐스트에 출연해 20년 전에 있었던 냅스터 소송을 회상하면서 "우리는 변화를 만들지 못했다"며 "디지털 트렌드를 우리가 막을 방법은 없었다"고 말했다.

하지만 메탈리카가 냅스터를 상대로 벌인 소송이 완전한 '헛고생'이었다고 말할 수는 없을 것 같다. 적어도 그 사건을 계기로 디지털 음원의 저작권에 대한 대중의 인식이 명확해졌다는 점은 부정할 수 없다. 당시 메탈리카가 나서지 않았더라면 지금도 '파일 공유'라는 이름으로 '불법 다운로드'가 판을 치고 있었을지도 모를 일이다.

메탈리카 디스코그래피
Kill 'Em All (1983)
Ride the Lightning (1984)
Master of Puppets (1986)
...And Justice for All (1988)
Metallica (1991)
Load (1996)
Reload (1997)
St. Anger (2003)
Death Magnetic (2008)
Hardwired... to Self-Destruct (2016)

★

P2P 이전에 테이프 트레이딩이 있었다

음악을 즐겨듣는 사람에게 있어서 내가 모르는 좋은 음악을 추천해 주는 친구만큼 소중한 존재도 없다. 좋은 음악을 함께 나누는 것은 즐거운 일이고, 이러한 공유 문화는 대중음악의 역사와 함께 했다고 해도 과언이 아니다.

요즘 시대에는 대부분 카카오톡을 통해 멜론이나 유튜브 링크를 서로에게 보내는 방식으로 음악을 공유한다. 인터넷도 스마트폰도 없던 시절에는 어떻게 음악을 공유했을까? 우리에겐 '카세트 테이프'가 있었다. 닉 혼비Nick Hornby의 소설 '하이 피델리티High Fidelity'에서 주인공 로브 플레밍이 정성스럽게 만든 '컴필레이션 테이프'를 생각하면 된다.

공테이프에 좋아하는 노래들을 녹음해 친구나 연인끼리 교환하는 것은 1980~1990년대 일반적인 문화였지만, 스래시 메탈 팬들 사이에선 유독 중요하고 진지한 일이었다. 대중적인 록·메탈이 TV나 라디오에 자주 소개되는 것과 달리 스래시 메탈은 언더그라운드 성향이 매우 강했기 때문이다.

엑소더스Exodus를 시작으로 메탈리카, 테스터먼트Testament, 데스 앤젤Death Angel, 포비든Forbidden 등이 샌프란시스코 지역 공연장에서 들려준 빠르고 공격적인 음악을 스래시 메탈이라고 부른다.

스래시 메탈은 음악 스타일 측면에서 '뉴 웨이브 오브 브리티시 헤비메탈NWOBHM'의 더블 베이스 드럼 사용과 기타 리프 및 솔로 연주의 영향을 강하게 받으면서, 하드코어 펑크의 스피드와 공격적인 사운드를 더했다. 빠른 드럼 비트와 저음의 기타 리프, 그리고 이른바 '슈레딩' 스타일로 불리는 테크니컬한 기타 솔로를 통해 헤비메탈을 극단적인 형태로 발전시킨 장르다. 이 장르는 글램 메탈과 함께 1980년대 중반 이후 미국 메탈 신을 양분했다.

카세트 테이프는 신생 스래시 메탈 밴드들이 직접 신곡이나 라이브 음원을 유통하는 수단이 되기도 했다. '테이프 트레이딩' 커뮤니티 구성원들은 늘 새로운 음악을 찾고 있었고, 테이프가 커뮤니티에서 인기를 끌면 신생 밴드에게는 더 많은 기회가 주어졌다. 큰 무대에 설 수 있게 되는 것은 물론, 운이 좋으면 음반사와의 레코딩 계약 체결로 이어졌다.

테이프 트레이딩 문화는 스래시 메탈의 인기가 샌프란시스코를 넘어 미국 전역, 그리고 바다 건너 유럽으로 확산되는 데 중요한 역할을 했다. 지금은 최고의 스래시 메탈 밴드로 꼽히는 메탈리카는 데뷔 앨범도 발표하기 전 테이프 트레이딩 커뮤니티를 통해 이름을 알린 경우다. 데스 메탈, 블랙 메탈 등 스래시 메탈에서 파생된 장르 역시 테이프 트레이딩 문화를 통해 성장할 수 있었다.

음악을 공테이프에 무한 복제해 유통하는 테이프 트레이딩은 2000년대 초반 인기를 끌던 냅스터 등 P2P 음원 공유 서비스와 근본적으로 다를 바가 없다. 저작권에 대한 인식이 강화된 지금 기준으로는 당연히 엄연한 불법이다. 냅스터를 둘러싼 저작권 논란에 불을 지핀 밴드가 테이프 트레이딩 덕을 톡톡히 본 메탈리카였다는 점은 아이러니하다.

VII

Rock in Korea

한국처럼 록 음악이 인기를 끌지 못하는 나라도 드물다. 한국의 대중문화가 미국이나 일본의 영향을 크게 받아 왔다는 점을 고려하면 두 나라에서 메인스트림으로 자리를 잡은 록 음악이 유독 한국에서 푸대접을 받는 현상은 쉽게 이해가 가지 않는다. 다만 척박한 환경에서도 한국의 록은 죽지 않았다. 뮤지션들의 실력은 세계적 수준이고, 공연장의 열기는 해외 아티스트의 콘서트 못지않다. 언젠가는 K팝을 넘어 K록의 시대가 도래할 수 있지 않을까?

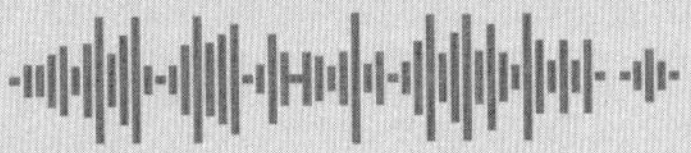

★

한국은 어쩌다 록의 불모지가 되었나

지난 2010년 8월, 미국 뉴욕 월스트리트에 있는 한 서점에서 메가데스의 리더 데이브 머스테인과 잠깐 대화를 나눌 기회가 있었다. 당시 메가데스는 12집 'Endgame' 투어에 이어 'Rust in Peace' 앨범 발매 20주년 투어로 바쁜 시기였지만, 내한공연 소식은 들리지 않았다. 한국 방문 계획을 묻자 머스테인은 잠시 생각에 잠긴 뒤 "안 그래도 에이전시와 얘기 중인데, 잘…"이라며 말끝을 흐렸다. 결국 메가데스는 한국에 오지 않았다.

앞서 메가데스는 1998년, 2000년, 2001년, 2007년, 총 네 차례에 걸쳐 내한공연을 했다. 한 번도 한국에 오지 않은 밴드가 수두룩한 가운데 메가데스의 내한공연은 결코 적은 횟수는 아니다. 하지만 이후로 10년이 넘도록 소식이 없다. 일본은 수시로 가고 중국 공연까지 하면서 한국에 오지 않는 이유는 간단하다. 관객이 모이지 않기 때문이다.

한국이 처음부터 록 음악의 불모지는 아니었다. 대중음악사를 살펴보면, 한국은 오히려 록의 태동기 때부터 영미권과 호흡을 같이 했다.

1950년대 주한미군 부대를 중심으로 연주 활동을 하던 뮤지션들은 1960년대부터 대중음악의 전면에 나서게 된다. 미 8군 연예단 출신 신중현이 대표적이다. 그는 1962년 한국 최초의 록 밴드 에드 포Add 4를 결성하고 "빗속의 여인"을 발표했다. 비틀즈가 영국에서 본격적인 록의 시대를 열었을 당시 이미 한국에도 그럴듯한 록 밴드가 존재했다는 얘기다. 신중현은 1970년대에도 신중현과 엽전들을 결성해 "미인"을 발표했고, 당대 최고 스타 김추자를 발굴하며 트로트 일색이었던 가요계에 신선한 바람을 불어넣었다.

1960~1970년대 유행에 민감한 젊은이들은 '음악 다방'을 통해 팝송과 함께 다양한 해외 록 음악을 접할 수 있었고, 이러한 영향으로 가요계에서도 록 밴드가 연주하는 '탈脫 트로트' 노래들이 점점 인기를 끌기 시작했다.

그러나 록 음악이 한국에 뿌리를 내릴 무렵 대형 악재가 발생한다. 1975년 '록의 대부' 신중현을 비롯해 포크 록 뮤지션인 윤형주, 김세환, 이장희 등이 대마초 흡연 혐의로 구속된 사건이다. 이 사건을 계기로 로커들은 '약쟁이'라는 인식이 널리 퍼지게 됐다는 점을 부인하기 어렵다. 안타깝게도 1980년대 들어선 들국화의 전인권과 부활의 이승철, 1990년대에는 신성우, 신해철 등이 대마초 혐의로 구속되면서 록 뮤지션들에 대한 대중의 인식은 좋지 못한 방향으로 흘러갔다.

심지어 로커의 상징과도 같은 장발은 1970년대엔 단속 대상이었고, 1990년대 말까지도 공영방송인 KBS에는 머리를 뒤로 묶고 출연해야 했다.

그나마 1980년대는 한국에서도 록 음악이 전성기를 구가하던 시기이다. 그 당시처럼 밴드 뮤직이 활발한 움직임을 보였던 때는 한국 대중음악사를 통틀어 한 번도 없었다. 송골매, 들국화, 부활 같은 록 밴드들은 대중적으로 인기를 끌었고, 신중현의 아들 신대철이 결성한 한국 최초의 헤비메탈 밴드 시나위, 훗날 트로트 가수로 전향한 유현상의 백두산은 TV 가요 프로그램에도 출연할 정도였다.

특히 1980년대 말에는 한국 헤비메탈의 저변이 본격적으로 확대됐다. 블랙 신드롬Black Syndrome이 1988년 발표한 데뷔 앨범 'Fatal Attraction'은 그동안 한국 밴드의 음악을 은근히 무시하던 리스너들을 충격에 빠뜨렸다. 시나위 등 먼저 데뷔한 헤비메탈 밴드들이 다분히 한국적인 사운드를 들려준 반면, 블랙 신드롬의 음악은 마치 미국이나 영국의 정통 헤비메탈을 듣는 듯한 착각을 불러 일으켰기 때문이다.

같은 해 발매된 한국 최초의 헤비메탈 컴필레이션 앨범 'Friday Afternoon'에는 블랙 신드롬 외에도 미국적인 글램메탈을 연주하는 크라티아Cratia, 한국 최초의 스래시메탈 밴드 아발란시Avalanche 등 해외 음악과 견주어도 손색이 없는 밴드들이 한국에

블랙 신드롬의 'Fatal Attraction'

도 있다는 사실을 알렸다.

만약 그 당시 자본력이나 유통망 같은 여건만 조성됐더라면, 한국 헤비메탈 밴드들은 K팝에 훨씬 앞서 K메탈의 시대를 열었을 수도 있었으리라 생각해본다.

그러나 역사에 '만약'은 없다. 1990년대 초부터 미국에서 헤비메탈의 인기가 식으면서 한국의 밴드 뮤직도 영향을 받게 됐다. 때마침 유명 록·메탈 밴드 보컬리스트들의 솔로 전향이 유행처럼 번지기도 했다. 핵심 멤버의 이탈은 밴드의 활동 중단으로 이어졌다.

1990년대에는 록 음악의 요소를 가미한 가요가 드라마 주제곡 등으로 인기를 얻었고, 시나위 출신 서태지가 서태지와 아이들의 음악을 통해 록과 댄스뮤직을 융합하는 시도를 하기도 했다. 언더그라운드에서 마니아 층을 형성하고 있던 스래시메탈 밴드 크래쉬Crash는 서태지와 아이들 3집에 피처링한 것을 계기로 인지도를 높였다. 이 시기 록·메탈 음악은 대중에게 더 다가갔다고 볼 수 있겠지만, 정통 밴드 중심의 음악은 이때부터 쇠퇴기에 접어들었다고 보는 게 타당하다.

사실, 록이 한국에서 부흥할 수 있는 기회는 또 있었다. 1990년대 중반부터 2000년대 중반까지는 홍대 앞 클럽을 중심으로 이른바 '인디 밴드'들이 활발한 공연 활동을 했다. 크라잉 넛Crying Nut, 노브레인No Brain 등 펑크 밴드들과 델리스파이스Delispice, 언니네이발관 등 모던록 밴드들은 상업적으로도 성공한 부류에 속한다. 언론도 인디 밴드 신을 주목했다.

하지만 2005년 7월 30일 MBC '생방송 음악캠프'에 출연한 럭스Rux의 공연 도중 카우치Couch와 스파이키 브랫츠Spiky Brats의 멤버가 성기를 노출하는 엽기적인 사건이 발생하면서 인디 밴드 전체에 불똥이 튀었다. 이후 경찰은 클럽에서 성기 노출이 빈번하게 이뤄지고 있는지에 대한 조사까지 진행했고, 결국 사회적으로 록 음악 전체에 대한 부정적인 이미지를 심어줬다. 약쟁이들의 음악이라는 평가에 이어 변태들이 하는 음악이라는 인식까지 생긴 것이다.

현재 한국에서 록의 위치는 멜론 차트를 보면 알 수 있다. 2020년 7월 한 달간 가장 많이 스트리밍된 음원 가운데 록이라고 할만한 노래는 단 한 곡도 없다. 댄스, 힙합, 발라드, 아니면

트로트다. 록 음악의 부재는 전 세계적인 현상이지만, 한국에서 유독 두드러진다.

그렇다고 한국 땅에서 록이 사라진 건 아니다. 헤비메탈도 여전히 건재하다. 세월이 흐르면서 멤버 교체는 여러 번 겪었지만, 블랙 신드롬과 크라티아는 물론 'Friday Afternoon' 2집(1989년)과 3집(1990년)을 통해 데뷔한 제로 지Zero G, 크럭스Crux 등은 2020년 현재까지도 명맥을 이어오고 있다. 디아블로Diablo, 메써드Method, 해머링Hammering 등 비교적 뒤에 데뷔한 밴드들의 활동도 꾸준하다.

혹자는 현재 한국의 헤비메탈 신이 1980년대만큼이나 활발하다고 평가한다. 안타깝게도, 음반을 사거나(또는 음원을 듣거나) 공연을 보는 사람이 드물 뿐이다.

★

BTS의 코리안 인베이전 경제 효과

방탄소년단BTS의 "Dynamite"가 2020년 9월 첫째 주 빌보드 싱글 차트 1위를 차지한 것은 한국 대중음악사에서 가장 큰 사건이었다. 이 곡은 주간 단위로 발표되는 차트에서 1~2위를 오르내리며 통산 3주에 걸쳐 1위에 머물렀다.

빌보드가 1958년부터 발표한 '핫 100' 차트는 세계에서 가장 대중성 있고 공신력을 갖춘 차트다. 매주 스트리밍 실적, 음원 판매량, 라디오 방송 횟수 등을 종합해 미국에서 가장 인기 있는 노래 순위를 집계한다. 이 차트에 진입하는 것 자체가 모든 아티스트의 꿈이다. 하물며 1위는 아무나 할 수 있는 일이 아니다. 전 세계적으로 히트를 쳤던 싸이PSY의 '강남 스타일'도 2위에 그쳤다.

아시아 출신 아티스트의 노래가 빌보드 싱글 차트 1위를 한 것은 1963년 일본 가수 사카모토 큐坂本九의 "Sukiyaki" 이후 처음이다. 그룹의 노래가 핫 100에서 통산 3주 이상 1위를 기록한 것은 마룬 파이브의 "Girls Like You" 이후 2년여 만이기도 하다.

"Dynamite"에 이어 BTS가 참여한 "Savage Love" 리믹스 버전은 2020년 10월 셋째 주 빌보드 싱글 차트 1위를 기록했다. 이로써 BTS 곡이 나란히 빌보드 1·2위에 오르는 진풍경이 벌어졌다.

이게 끝이 아니었다. 방탄소년단이 2020년 11월에 발매한 미니앨범 'BE'의 타이틀곡 "Life Goes On"은 12월 첫째주 빌보드 싱글 차트 1위에 진입했다. 이 곡은 빌보드 역사상 처음으로 싱글 차트 1위에 오른 한국어 노래다. 이로써 방탄소년단은 비지스 이후 42년 만에 3개월 내 3개의 'Hot 100' 1위곡을 남긴 첫 번째 그룹이 됐다.

BTS가 창출하는 경제 효과는 어마어마하다. 문화체육관광부와 한국문화관광연구원에 따르면 한국 대중음악 역사상 최초로 빌보드 싱글 차트 1위에 오른 BTS의 경제적 파급 효과는 1조 7000억 원에 달할 것으로 추산됐다. BTS의 소속사 빅히트엔터테인먼트의 매출 규모, 한국은행 투입산출표, 관세청 수출입 무역 통계, '구글 트렌드' 검색량 등을 종합해 분석했다.

"Dynamite"로 인한 직접적 매출 규모는 2457억 원, 이와 관련된 화장품, 식료품, 의류 등 연관 소비재 수출 증가 규모는 3717억 원으로 집계됐다. 관련 산업 생산 유발 효과는 1조2324억 원, 부가가치 유발 효과는 4801억 원, 고용 유발 효과는 총 7928명에 달했다.

문체부는 "해당 분석 결과는 최근까지 코로나19로 인해 해외

이동이 제한되고 현장 콘서트 등이 전혀 이루어지지 못하는 현실을 감안해 외국인 관광객 유치에 따른 효과 부문을 제외한 결과"라고 설명했다. 또 "직접적 매출 규모를 산정하는 과정에서도 현장 콘서트가 불가능한 현실을 감안해 순회공연 매출액을 제외하고 온라인 콘서트 매출액을 적용하는 등, 현실을 반영하고자 했다"며 "이런 부분을 포함하고 국가 이미지, 국가 브랜드 등의 상향에 따른 상승효과 등을 추가 고려하면 경제적 파급 효과는 더욱 높아질 것으로 예상된다"고 덧붙였다.

이같은 추산은 "Dymanite"의 경제적 효과만 따진 것이다. BTS의 그간 활동과 앞으로의 인기를 고려하면 7명의 소년들이 유발하는 경제 효과는 수십 조원에 이를 수 있다는 분석도 나온다.

BTS의 글로벌 인기는 콘서트 티켓 파워를 통해서도 입증된다. 콘서트 전문지 폴스타가 2018년 11월22일부터 2019년 11월20일까지 1년간 전 세계에서 진행된 투어 티켓 판매 순위를 집계한 결과, BTS는 에드 시런Ed Sheeran, 핑크Pink, 메탈리카, 엘튼 존에 이어 5위를 차지했다. 월드 스타들과 어깨를 나란히 했음은 물론이고, 본 조비(6위), 뮤즈(7위) 등 세계적인 록 밴드를 앞섰다.

BTS는 이 기간 동안 16개 도시에서 33회 콘서트를 하며 총 133만4325장의 티켓 판매를 달성했다. 특히 BTS가 미국 캘리포니아주 패서디나 로즈볼 구장에서 단 2회의 콘서트로 판매한 티켓은 11만3040장에 달했다.

티켓 판매 순위는 공연 수입 순위와 일치하진 않는다. 공연 수입은 티켓 가격과 콘서트 횟수에 따라 달라지기 때문이다. 공연 수입을 기준으로 하면 1위는 2억1521만 달러를 기록한 핑크가 차지했다. 2위는 엘튼 존(2억1202만 달러), 3위는 에드 시런(2억1171만 달러), 4위는 메탈리카(1억7901만 달러), 5위는 롤링 스톤스(1억7780만 달러)로 각각 집계됐다. BTS는 1억7034만 달러로 6위에 이름을 올렸다.

BTS가 팝의 본고장인 미국에서 돌풍을 일으키는 현상은 1960년대 영국의 비틀즈가 미국에 상륙했던 '브리티시 인베이전'을 떠올리게 한다. 그래서 일각에선 '코리안 인베이전Korean Invasion' 이라는 말로 BTS 신드롬을 소개하기도 한다. 실제로 미국의 유명한 코미디언이자 방송인인 엘런 드제너러스Ellen DeGeneres가 2017년 11월 27일 자신의 토크쇼인 엘런 쇼The Ellen Show에 출연한 BTS

방탄소년단
(출처: 빅히트엔터테인먼트)

에 대해 "그들이 LAX(로스앤젤레스 공항)에 왔을 때 마치 비틀즈가 온 것 같았다"고 말한 것은 유명하다.

비틀즈가 1964년 2월 7일 처음 미국을 방문했을 때의 기억은 모든 미국인들에게 뚜렷하게 남아 있다. 이른바 비틀마니아 현상은 그 당시 미국에서 막대한 부가가치를 창출했다. 비틀즈가 미국을 방문한 9일 동안 미국인들은 비틀즈 음반 200만 장과 비틀즈 관련 굿즈 250만 달러 어치를 구입했다. 비틀즈 밴드 로고나 멤버 사진이 들어간 모자, 티셔츠, 바지는 물론 비틀즈 잠옷과 과자까지도 불티나게 팔렸다. 비틀즈 멤버의 헤어 스타일과 패션을 따라하는 것도 유행이었다. 전통적인 미국 남성 패션이 바뀐 게 바로 이때였다는 얘기도 있다.

아시아의 작은 나라에서 온 BTS가 전설적인 록 밴드 비틀즈와 비교되는 현상을 옛 비틀즈 팬들은 받아들일 수 없을지도 모른다. 하지만 요즘 아이들에게 BTS는 그만큼 위대한 그룹으로 인식되고 있는 것이 사실이다. BTS가 좋든 싫든 이것은 인정해야 할 팩트이다.

BTS의 경제 효과를 예측하기 위해 비틀즈의 사례를 자세히 살펴볼 필요가 있다.

과거 비틀즈가 이끈 브리티시 인베이전은 미국 대중음악뿐 아니라 대중문화 전반에 영향을 줬다. '데인저 맨Danger Man', '세인트The Saint', '어벤저스The Avengers' 같은 영국 드라마가 미국 시청자들을 사로잡으며 스파이 장르가 미국 최고 인기 드라마로 떠올랐다. 영화계도 마찬가지였다. 비틀즈가 미국을 방문했던 해에 개봉

한 '메리 포핀스Mary Poppins'에 출연한 영국 배우 줄리 앤드루스Julie Andrews와 '마이 페어 레이디My Fair Lady' 주연배우인 렉스 해리슨Rex Harrison은 이듬해 아카데미 어워드Academy Awards에서 각각 여우주연상과 남우주연상을 받았다.

미국 주간지 라이프는 1967년 4월 28일 기사에서 "줄리 (앤드루스)는 '브리티시'라는 딱지만 붙어 있으면 무엇이든 유행하는 최근 미국에 스마트하게 발을 들여놓으며 영화계의 여왕이 됐다"고 평가했다.

1960년대 비틀즈가 시작한 브리티시 인베이전이 미국 대중문화에 어떤 영향을 주고 있었는지 잘 보여주는 문장이다.

비틀마니아 현상은 현재진행형이다. 비틀즈는 고향인 영국 리버풀에서 아직까지 막대한 경제적 기여를 하고 있다. 비틀즈 자료를 전시하고 상품을 판매하는 '비틀즈 스토리Beatles Story'에는 연평균 25만 명이 다녀간다. 비틀즈가 활동 초기 공연을 했던 '캐번 클럽Cavern Club'을 방문하는 관광객은 1년에 80만 명에 이른다. 존 레논과 폴 매카트니의 어린 시절 집을 구경하는 미니버스 투어에도 연간 1만여 명이 참여한다.

비틀즈의 끊임없는 인기는 리버풀의 일자리 창출로 이어지고 있다. 리버풀 대학교The University of Liverpool와 리버풀 존 무어스 대학교Liverpool John Moores University가 연구하고 리버풀 시의회가 2016년 발표한 통계에 따르면, 리버풀의 전체 일자리 23만800개 가운데 비틀즈 관련 일자리는 2335개에 이른다.

또 비틀즈가 기여하는 이 지역 경제 효과는 연간 819만 파운드(약 1200억 원)에 달한다. 리버풀 경제 규모(109억 파운드)에 비해 작은 액수일지 모르지만, 비틀즈가 해체된 지 47년이 지났다는 점을 고려하면 상당한 수준이다. 특히 비틀즈 관련 지역 경제는 연간 15%씩 성장하고 있다.

이는 비틀즈와 직접적으로 연관된 경제 효과만 집계한 것이다. 비틀즈 때문에 이곳을 방문하는 관광객이 연간 최대 200만 명에 달하는 점을 고려하면 간접적인 경제 효과는 훨씬 클 것으로 추정된다.

사실 비틀즈 경제 효과를 누리는 것은 리버풀만이 아니다. 런던 애비 로드 스튜디오Abbey Road Sudio 앞 횡단보도에는 비틀즈의 1969년 앨범 'Abbey Road' 표지를 흉내낸 사진을 찍으려는 관광객들이 줄을 잇는다. '마그나 카르타'를 소장하고 있는 것으로 유명한 대영도서관은 비틀즈 사진과 기사 등 각종 전시물도 있어 팬들이 꼭 방문해야 할 곳으로 꼽힌다. 비틀즈와 역사적 인연이 없는 세인트존스우드 역 인근 '비틀즈 커피숍Beatles Coffee Shop'과 베이커 스트리트에 있는 '비틀즈 스토어Beatles Store'조차 명소로 떠올랐다.

비틀즈가 남긴 문화 유산이 영국 경제 곳곳에 계속해서 힘을 불어넣어 주고 있는 셈이다.

비틀즈가 브리티시 인베이전을 이끌었던 것처럼 BTS의 미국 시장 성공은 본격적인 코리안 인베이전으로 이어질 수 있다. BTS 신드롬을 계기로 더 많은 K팝이 미국 시장에서 소비될 여건이 마련됐기 때문이다. BTS에 이어 블랙핑크가 빌보드 싱글 차트 1

위에 오를 날도 조만간 올 수 있다. 대중성과 음악성을 겸비한 아이유 같은 아티스트가 아시아를 넘어 미국 공연장을 꽉 채우는 것도 시간 문제로 보인다.

그리고 세계 대중음악 시장에 록과 헤비메탈의 시대가 다시 열리는 날에는 드디어 K록과 K메탈에도 기회가 올 것으로 조심스럽게 기대해 본다.

ROCKONOMICS
록으로 읽는 경제학

초판 1쇄 인쇄 2021년 1월 10일
초판 1쇄 발행 2021년 1월 13일

지은이 피용익
펴낸이 전형주, 전익균

기 획 백현서, 조양제
이 사 김영진
실 장 허태훈
편 집 김 정
관 리 이주용, 전이랑, 조성오
개 발 박수아
디자인 페이지제로
교 육 민선아
마케팅 팀메이츠

펴낸곳 도서출판 새빛북스, (주)아미푸드앤미디어
전 화 (02) 2203-1996, (031) 427-4399 **팩스** (050) 4328-4393
출판문의 및 원고투고 이메일 svedu@daum.net
등록번호 제215-92-61832호 **등록일자** 2010. 7. 12

값 16,000원
ISBN 979-11-972966-2-8 03320

* 도서출판 새빛은 새빛에듀넷, 새빛북스, 에이원북스, 북클래스 브랜드를 운영하고 있습니다.
* (주)아미푸드앤미디어는 북카페 아미유를 운영중에 있습니다.
* 파본은 구입처에서 교환해 드리며, 관련 법령에 따라 환불해 드립니다.
다만, 제품 훼손 시에는 환불이 불가능합니다.